O Mentor-Minuto

KEN BLANCHARD

CLAIRE DIAZ-ORTIZ

Tradução de
CLAUDIA GERPE DUARTE

Revisão técnica
VIVIAN ALVO
Intercultural/Blanchard Global Partner para o Brasil

1ª edição

best.
business
RIO DE JANEIRO – 2018

CIP-BRASIL. CATALOGAÇÃO-NA-FONTE
SINDICATO NACIONAL DOS EDITORES DE LIVROS, RJ

B571m
Blanchard, Ken
O Mentor-Minuto / Ken Blanchard, Claire Diaz-Ortiz; tradução Claudia Gerpe Duarte. – 1ª ed. – Rio de Janeiro: Best Business, 2018.
160 p.; 14 x 21 cm.

Tradução de: One Minute Mentoring
ISBN 978-85-68905-56-2

1. Mentores nos negócios. 2. Executivos – Treinamento.
I. Diaz-Ortiz, Claire. II. Duarte, Claudia Gerpe. III. Título.

17-46502
CDD: 658.3124
CDU: 658.310.845

O Mentor-Minuto, de autoria de Ken Blanchard e Claire Diaz-Ortiz.
Texto revisado conforme o Acordo Ortográfico da Língua Portuguesa.
Primeira edição impressa em março de 2018.
Título original norte-americano:
ONE MINUTE MENTORING

Copyright © 2017 by Blanchard Family Partnership e Claire Diaz-Ortiz.
Copyright da tradução © 2017 by Best Business/Editora Best Seller Ltda.
Publicado mediante acordo com William Morrow, um selo da HarperCollins *Publishers*. Todos os direitos reservados.

Proibida a reprodução, no todo ou em parte, sem autorização prévia por escrito da editora, sejam quais forem os meios empregados.

Capa adaptada por Mariana Taboada a partir da capa publicada pela Harper Collins *Publishers* (2017) com ilustração de Matt Carr.

Direitos exclusivos de publicação em língua portuguesa para o Brasil adquiridos pela Best Business, um selo da Editora Best Seller Ltda. Rua Argentina, 171 – 20921-380 – Rio de Janeiro, RJ – Tel.: 2585-2000 que se reserva a propriedade literária desta tradução.

Impresso no Brasil

ISBN 978-85-68905-56-2

Seja um leitor preferencial Best Business.
Cadastre-se e receba informações sobre nossos
lançamentos e nossas promoções.

Atendimento e vendas diretas: sac@record.com.br ou (21) 2585-2002.
Escreva para o editor: bestbusiness@record.com.br
www.record.com.br

Esta é uma parábola de negócios. Os nomes, os personagens, os lugares, as empresas, os eventos e os incidentes são resultado da imaginação dos autores ou usados de maneira fictícia. Qualquer semelhança com pessoas verdadeiras, vivas ou mortas, ou com eventos reais é mera coincidência.

Sumário

Nota aos leitores 9
Introdução 11

PARTE I

Sem bússola, sem mapa: a vida em uma terra sem mentor 17
Peça orientação 22
Eu, um mentor? 28
A busca 38
O primeiro encontro 46
A missão é fundamental 54
Envolvimento: consolide o relacionamento 61
Tempo para introspecção 72
Fale sua verdade 78
Aprendendo a fazer networking 85
Desenvolvendo confiança 95
A maneira certa de fazer networking 100
Compartilhando oportunidades 107
Avaliação e renovação 119
O mentoring nunca acaba 126

Parte II

O modelo de mentoring 135
Crie um modelo de mentoring em sua organização 142
As diferenças entre coaching e mentoring 146

Agradecimentos dos autores 149
Sobre os autores 151
Serviços disponíveis 155
Junte-se a nós on-line 157

Nota aos leitores

O *Mentor-Minuto* é uma parábola a respeito do poder de encontrar — ou ser — um mentor. Talvez você esteja intrigado com o título. Por que *Mentor-Minuto?* Porque descobrimos que o melhor conselho que já demos ou recebemos precisou de menos de um minuto. Em outras palavras, a orientação que realmente fez diferença não ocorreu na forma de longas e complexas teorias, mas em pequenas e significativas constatações.

Introdução

Você se sente um pouco inseguro a respeito do rumo de sua carreira? Pergunta-se se realmente tem o que é necessário para alcançar suas metas? Quer saber quais deveriam ser essas metas? Então, talvez seja a hora de encontrar um mentor.

Talvez você tenha respondido a todas essas perguntas com um enfático "Não!". Se foi esse o caso, é possível que esteja na hora de você *se tornar* um mentor.

A Galeria da Fama dos Negócios está repleta de nomes de pessoas que descobriram que encontrar um mentor fez toda a diferença na tentativa de alcançar o sucesso, bem como do nome de líderes que foram bem-sucedidos como mentores. Você não está sozinho.

A maioria das pessoas concorda que ter um mentor é algo bom, mas não sabe como encontrar ou se beneficiar de um. E, embora a maior parte também concorde que *ser* um mentor é positivo, acha que não tem tempo ou capacidade para se dedicar a essa tarefa.

Foi por esse motivo que escrevemos este livro: para oferecer aos leitores um conhecimento simples e ferramentas fáceis de usar, a fim de que possam encontrar e potencializar os relacionamentos de mentoring.*

Independentemente do tipo de mentoring com que você se envolva — com um novo funcionário, entre colegas, com um adolescente ou intergeracional —, sabemos que isso pode transformar positivamente não apenas a sua vida, mas também a vida de outras pessoas.

O que é o mentoring intergeracional? É o que ocorre quando uma pessoa jovem forma uma dupla com outra mais velha, para que ambas possam aprender e crescer. Ken é especialista em liderança e tem 70 e poucos anos, enquanto Claire, uma ex-executiva do Twitter, tem pouco mais de 30 anos, o que nos torna um exemplo vivo das lições que estamos ensinando. Por meio de nossa parceria de mentoring — e por intermédio de outras pessoas —, experimentamos na pele o poder dessa prática transformadora.

Dito isso, queremos ressaltar que a diferença de idade não precisa ser tão grande quanto a nossa para que mentores e *mentees* extraiam valor do relacionamento.

Em *O Mentor-Minuto*, contamos a história de Josh Hartfield, um jovem representante de vendas que está perdendo a motivação, e de Diane Bertman, uma executiva de vendas cuja agenda lotada não lhe traz mais satisfação como antigamente. À medida que a história de Diane e Josh for se desenrolando, os leitores vão

---

*Embora seja um termo estrangeiro, devido ao grande número de ocorrências, a palavra mentoring não foi grafada em itálico. (N. do E.)

aprender os seis passos para criar um relacionamento de mentoring bem-sucedido, além de ideias fundamentais, por exemplo:

- Como encontrar uma parceria de mentoring — quer você seja um *mentee* em busca de um mentor ou um mentor à procura de um *mentee*.

- Como trabalhar com um parceiro de mentoring para efetuar as mudanças positivas que você deseja ver em seu trabalho e em sua vida.

- Como pôr em prática recomendações sucintas de mentoring de um minuto.

- Como utilizar a sabedoria e as habilidades pessoais de todas as faixas etárias e tipos de formação.

As pessoas bem-sucedidas não atingem sozinhas suas metas. Por trás até do empreendedor mais independente, está uma pessoa, ou um grupo de pessoas, que o ajudou a ser bem-sucedido. Independentemente de sua idade, nós o incentivamos a começar a procurar um mentor hoje mesmo.

Também o encorajamos a ser o mentor de alguém, porque aqueles que estendem a mão para os outros têm muito a ganhar. Nas palavras de um antigo provérbio budista: "Se você acender uma lâmpada para alguém, ela também iluminará seu caminho."

Se você está pronto para construir um poderoso relacionamento de mentoring e ver seu trabalho e sua vida se transformarem, prossiga nesta leitura!

Ken Blanchard,
coautor de *O Novo Gerente-Minuto*®

Claire Diaz-Ortiz
autora de *Twitter for Good*

PARTE I

Sem bússola, sem mapa: a vida em uma terra sem mentor

Josh Hartfield estava sentado à sua mesa, paralisado, olhando para a tela do computador, sem saber o que fazer. Sua caixa de entrada continha cinquenta e-mails prioritários. Ele tinha sete recados urgentes de clientes na caixa postal e precisava concluir uma nova apresentação antes de comparecer a um compromisso de vendas na sexta-feira.

Havia muito trabalho, mas nenhuma motivação. Essa não era exatamente a disposição de ânimo ideal para enfrentar sua avaliação trimestral, que iria acontecer dali a cinco minutos.

— Preparado?

Josh levantou os olhos para sua chefe, Eva Garcetti, gerente de vendas da região oeste dos Estados Unidos.

— Claro — respondeu Josh, com um sorriso desanimado.

Ele acompanhou Eva até a sala dela e se sentou diante da imponente mesa de mogno.

— Nada de rodeios, Josh. Vamos direito ao assunto. Seus resultados neste trimestre foram, no máximo, medíocres. Isso está se tornando um padrão para você. O que está acontecendo?

— Estou apenas em uma fase ruim. Já estou saindo dela — respondeu ele, esforçando-se para acreditar nas próprias palavras.

Cinco anos depois de ingressar na JoySoft como representante de vendas, Josh não vinha fazendo nenhum progresso. Seu trabalho estava estagnado, e ele não estava mais progredindo na carreira.

— Já ouvi isso antes, Josh. Acho que você poderia pedir alguma ajuda. Recomendo que passe algum tempo com Eric. Ele estabeleceu um novo recorde de vendas na semana passada.

Josh tentou não demonstrar seu desagrado. Eric Aguillar era a nova estrela dos representantes de vendas, e agora dividia a estação de trabalho com ele. Havia apenas um ano que Eric se formara na faculdade e seu desempenho já era duas vezes melhor que o de Josh. Portanto, Josh não estava surpreso com a recomendação de Eva. Ainda assim, era deprimente pensar que estava se saindo tão mal a ponto de lhe dizerem para aceitar as sugestões de um novo funcionário.

— Eu sei que a minha sugestão pode soar desencorajadora, mas estou preocupada com você, Josh. É como se tivesse perdido a motivação. Nos primeiros anos, você se saiu muito bem, mas, como sabe, uma carreira de longo prazo em vendas não é para todos.

Josh engoliu em seco.

— Aonde você está querendo chegar, Eva? Devo tirar meu currículo da gaveta?

— Não necessariamente. Sugiro apenas que você faça uma reflexão pessoal para definir melhor quais são seus pontos fortes e seus pontos fracos. Se passar mais tempo com Eric, será possível entender como ele está se saindo tão bem.

— Sorte de principiante? — perguntou Josh, com um sorriso irônico.

— Acredito que não. Falando sério, por que não voltamos a conversar depois de você pensar um pouco sobre como melhorar seus resultados ou, talvez, redirecionar sua energia profissional? Em ambos os casos, eu gostaria de ajudar.

Enquanto voltava para sua mesa, Josh refletiu sobre o conselho de Eva. Ele nem sempre se sentira assim, desestimulado. Alguns anos antes, quando acabara de se formar em Administração, tinha toda a energia do mundo. Os resultados de um teste vocacional indicaram que ele talvez fosse bom em vendas, o que o conduzira a um emprego como representante de vendas júnior na JoySoft. Josh inclusive havia fantasiado a respeito de se tornar um importante profissional de vendas.

Faça uma reflexão pessoal para definir melhor quais são seus pontos fortes e seus pontos fracos.

Cinco anos depois, a realidade era muito clara. Naquele momento, ele estava apenas torcendo para conseguir se manter em seu emprego por mais um ou dois anos — o tempo suficiente para descobrir o que *realmente* queria fazer.

Quando Josh chegou à sua mesa, Eric estava dando socos no ar.

— Assinado! — exclamou o colega, feliz, desligando com força o telefone. Ele pegou um marca-texto vermelho e desenhou um grande X sobre a data daquele dia em seu calendário de parede. Como Josh aprendera com Eric, o calendário funcionava como uma ferramenta motivacional que ele descobrira em um livro de negócios. Cada X representava um novo cliente. De acordo com Eric, quanto mais Xs consecutivos você tem, mais provável é que consiga outros.

Eric tinha muitos Xs naquele mês.

"Ainda bem que eu não pendurei um calendário desses", pensou Josh.

Com um suspiro, pegou sua caneca e se encaminhou à sala do cafezinho. Ele precisava de um descanso do entusiasmo de Eric. Enquanto enchia a caneca, compreendeu que se via em uma encruzilhada. Precisava de consolo — e de bons conselhos. Por sorte, em ocasiões assim, ele sabia exatamente para quem telefonar.

Ideias de um minuto

Pare, reflita e aprenda

- Onde você se encontra na vida? Você está em uma trajetória ascendente ou atingiu um patamar?
- Você se sente inseguro em relação ao rumo que está tomando?
- Você está aberto a aprender com os outros?

Peça orientação

— Olá, pai. Sou eu.

— Josh! Que bom que ligou. Quais são as novidades?

— Estou pensando em passar o fim de semana em casa.

— Que ótimo! Sua mãe vai adorar! E seu irmão também vai estar aqui. Aconteceu alguma coisa em especial?

— Só estou pensando em sair da cidade e ver vocês. Talvez discutir algumas coisas com você.

— Perfeito. Vamos aguardar ansiosos por sua chegada.

Quando Josh se despediu do pai e colocou o telefone no bolso, sentiu parte da tensão que vinha suportando se desfazer. Nem todos os filhos têm bons pais. Ele era grato por ser um dos sortudos.

*

Alguns dias depois, Josh estava reunido em volta da churrasqueira com a mãe, o pai e o irmão mais velho, Brian.

— Josh, você disse que queria discutir algumas coisas comigo — comentou o pai enquanto virava os hambúrgueres. — O que está acontecendo?

— Estou tendo alguns problemas no trabalho — respondeu Josh. — Tenho feito um esforço enorme apenas para conseguir trabalhar das nove às cinco todos os dias. Eric, que divide a estação de trabalho comigo, é jovem, mas está obtendo resultados melhores do que os meus. Eu costumava me sentir seguro de minhas habilidades de vendas, mas agora já não me sinto assim.

Seu pai levantou os olhos da churrasqueira e perguntou:

— Existe algo que possamos fazer?

O pai de Josh tinha sido um executivo de mídia bem-sucedido durante muitos anos, e a mãe era diretora de uma escola de ensino médio. À medida que os anos foram passando, Josh começou a respeitar cada vez mais a opinião deles.

— Vocês já estão ajudando apenas por me ouvir.

— Conte-nos mais — pediu sua mãe.

— Nos piores dias, tenho vontade de jogar a toalha. É quando me pergunto o que realmente faço. Quando analiso o meu trabalho, não consigo ver sentido nele. Enxergo apenas uma série interminável de e-mails, reuniões e apresentações. Alguma parte do meu trabalho é realmente importante?

Os pais ficaram calados, mas ele pôde perceber, pela expressão pensativa deles, que estavam prestando muita atenção.

— O problema — prosseguiu Josh — é que não tenho certeza sobre o que eu deveria estar fazendo com a minha vida. Como sair dessa rotina e alavancar minha carreira de novo?

A mãe de Josh disse:

— Quando você tem um problema para resolver, falar a respeito já é um bom começo. Talvez a JoySoft não seja realmente adequada para você. Talvez você apenas precise de uma mudança de cenário. Você já pensou em enviar seu currículo para outras empresas? Não esqueça que você teve algumas boas ofertas antes de ir trabalhar na JoySoft.

— Sim, já pensei nisso. Mas e se o problema não for a empresa, mãe? E se o problema for comigo?

Josh olhou para o irmão, que estava se servindo de um pouco de frango grelhado.

— O que você acha, Brian?

Quando você tem um problema para resolver, falar a respeito já é um bom começo.

— Parece que você está tendo uma clássica crise dos quase 30. O que me ajudou foi trabalhar no meu MBA. Isso me deu tempo para pensar a respeito do que eu queria fazer. Além disso, fiz muitos contatos profissionais excelentes. Foi assim que fui parar no setor imobiliário comercial.

— Não, fazer um MBA não está nos meus planos neste momento — retrucou Josh. — Mas eu certamente poderia me beneficiar de alguns bons contatos profissionais. Minha chefe quer que eu aceite algumas sugestões do Eric, meu colega de trabalho extremamente bem-sucedido. As vendas dele foram astronômicas desde que ele começou. Vocês podem imaginar como isso faz com que eu me sinta. Ser orientado a aceitar conselhos de alguém cinco anos mais novo do que eu...

— Eu sei que isso pode ser difícil para seu ego, mas, de fato, aprender com o Eric seria um bom passo intermediário — declarou o pai de Josh. — No entanto, a longo prazo, o ideal seria que você encontrasse um mentor mais velho, que pudesse lhe dar alguns conselhos com uma visão mais abrangente a respeito de sua carreira e de sua vida. Pense em quanto você ajudou Ricky.

Dois anos antes, Josh se tornara um "irmão mais velho" para o menino Ricky, de 12 anos, por intermédio do programa "Big Brothers Big Sisters".*

— Mas Ricky é apenas uma criança — declarou Josh. — Preciso da ajuda de um adulto.

— Venho dizendo isso há anos — disse o irmão, em tom de brincadeira. — Mas nosso pai está certo: você precisa de um mentor para sua carreira. Quando fui contratado, minha empresa imediatamente me encaminhou a um mentor que ocupava um cargo que eles desejavam que, um dia, eu viesse a ocupar, porque precisavam do maior número possível de corretores competentes. Estou aprendendo muito mais rápido do que teria aprendido sozinho.

— Tudo bem — concordou Josh. — Vou procurar um mentor. Mas onde encontrar um?

---

*Programa norte-americano de uma organização sem fins lucrativos cujo objetivo é ajudar crianças carentes a atingir seu potencial por meio de relacionamentos individualizados, com apoio profissional e mentores voluntários. (N. da T.)

— Talvez sua chefe possa encaminhá-lo a um dos profissionais de vendas mais antigos da empresa, alguém que seja bem-sucedido — sugeriu a mãe.

— Ou você pode pedir ao rapaz que divide apartamento com você que lhe forneça algumas indicações — acrescentou seu pai. — Ele é ótimo em fazer contatos.

— Mas Dev trabalha como engenheiro — contestou Josh.

— Nunca se sabe de onde pode vir um bom mentor — replicou seu pai. — Meu primeiro mentor foi um dos meus professores do ensino médio.

Os mentores em potencial estão por toda parte quando você começa a procurar por eles.

— O meu foi uma vizinha que era mulher de negócios — disse a mãe. — As pessoas que podem ajudá-lo a enxergar a realidade mais ampla não precisam necessariamente trabalhar na sua área.

— Isso mesmo — acrescentou o pai de Josh. — Os mentores em potencial estão por toda parte quando você começa a procurar por eles.

Ideias de um minuto

Pare, reflita e aprenda

- Um mentor o ajudaria a atingir um novo patamar?
- Determinar-se a obter ajuda é um importante primeiro passo no processo de mentoring.
- O mentor não precisa necessariamente atuar na área que você escolheu.
- Quando procurar um mentor, não poupe esforços. Pense em ex-supervisores, ex-colegas de faculdade, professores do ensino médio, professores da faculdade, vizinhos, amigos, parentes, programas da empresa, associações profissionais, organizações voluntárias e companhias que oferecem mentoring on-line.

Eu, um mentor?

O avião de Diane pousou no Aeroporto Internacional de Los Angeles. Fora uma viagem intensa — Londres, Amsterdã, Zurique, Chicago e todos os aeroportos intermediários. Viagens longas eram rotina para uma vice-presidente de vendas. Enquanto o comissário de bordo fazia os avisos de praxe, Diane pegou o celular, retirou-o do modo avião e ligou para sua assistente.

Jocelyn atendeu ao primeiro toque:

— Como correram as coisas? — perguntou.

— Agora estou exausta, mas tive alguns bons momentos. Consegui realmente trazer à tona minhas melhores habilidades de negociação para fechar aquele contrato com a televisão.

— Eu sabia que você conseguiria — disse Jocelyn.

— Então, o que tem na minha agenda para o resto da semana?

— Nenhuma viagem, o que é bom. Mas ela está cheia. Você consegue entrar na sua agenda on-line? Acabei de atualizá-la.

Diane abriu sua agenda e a examinou rapidamente em busca de espaços em branco. Ao não encontrar nenhum, suspirou.

Depois de trabalhar por 35 anos com vendas, encontrava apoio em uma competente assistente-executiva como Jocelyn para organizar, priorizar e "retirar a gordura", como gostava de dizer.

— É imprescindível que eu vá àquela reunião na quinta-feira? — perguntou Diane. — Vejo que Travis está na lista de presença. Será que ele não pode ir e me trazer as informações?

Houve uma pausa do outro lado da linha.

— Bem — retrucou Jocelyn —, ele disse que realmente seria melhor que você estivesse presente, para conhecer os clientes.

Diane suspirou novamente, já que conhecia essa conversa como a palma da mão. Por ser a mais alta executiva de vendas da Quest Media, já estava acostumada a ouvir que sua presença era necessária em toda parte. Mas era mesmo?

— Tudo bem — concordou Diane —, estarei lá. Você tem alguma outra novidade para mim?

— Ainda temos que conversar a respeito da festa — declarou Jocelyn, com firmeza. — Você não pode adiá-la por muito mais tempo. O grande dia está se aproximando. Gostaria de tornar o evento especial, mas vou precisar de sua contribuição.

— Ah, *aquilo*. — Mais uma vez, Diane suspirou. — Podemos conversar sobre isso amanhã. Estarei aí às nove.

Diane encerrou o telefonema e ficou olhando para a tela em branco do telefone. "Não estou entusiasmada nem mesmo com minha própria festa de aniversário", pensou. "O que está acontecendo comigo?"

Ela trocou a tela para fotos e contemplou os retratos mais recentes das gêmeas. Os grandes olhos das duas a fitaram e ela balançou a cabeça, ainda sem acreditar que finalmente era avó. Mal conseguia esperar até que elas tivessem idade suficiente para sorrir.

"Eu deveria tirar um dia de folga antes do fim do mês para ver Sarah e as meninas", pensou. Mas quando tinha de viajar de novo para aquelas reuniões com os clientes? Será que conseguiria trocar os voos para poder visitar as gêmeas quando estivesse voltando para casa? Provavelmente não; a programação já estava muito apertada.

Pela décima vez naquele dia, Diane suspirou.

"Talvez eu esteja ficando velha demais para isso. Devo me aposentar?", perguntou a si mesma.

Diane não tinha a mínima ideia. Mas conhecia alguém que poderia saber.

*

Warren Riggs.

Diane — agora sentada no banco de trás do traslado do aeroporto — procurou o nome em seus contatos de telefone. Quando o encontrou, ela digitou o número e ficou aguardando a conexão.

"Espero que ele não esteja navegando", pensou. "Preciso que ele esteja em sua melhor forma, e não pescando outro peixe."

Warren Riggs fora o primeiro chefe de Diane. E ele havia mudado a sua vida, porque acreditou nela desde o início. Mesmo quando ela era uma novata de 20 e poucos anos, desinformada, porém ambiciosa, que sabia que queria estar na indústria da mídia, mas não tinha a menor ideia de por onde começar.

Desde o seu primeiro dia no emprego, Warren viu nela algo que os outros não viam. E, com o tempo, ele a ajudou a perceber seus pontos fortes, trazendo à tona suas paixões e colocando-a no rumo certo para se tornar uma florescente executiva de vendas da televisão. Quando ela trocou de emprego — deixando Warren, depois de trabalharem juntos por seis anos magníficos —, ele continuou a apoiá-la, oferecendo-lhe conselhos, apoio e uma orientação clara sempre que ela precisava. Diane não sabia onde estaria agora, se não fosse por Warren.

— Alô?

— Estou feliz por você ter atendido, Warren. Achei que poderia estar no barco.

— E deveria estar! — retrucou Warren, com uma risada. — Mas estive trabalhando a manhã inteira. Você se lembra da minha festa de semiaposentadoria de alguns anos atrás?

Como ela poderia esquecer? Naquela ocasião, Diane conhecera uma série de pessoas cujas carreiras haviam sido moldadas por Warren ao longo dos anos. Ela não era a única a tê-lo em sua lista de discagem rápida.

— Claro que me lembro — respondeu Diane.

— Você se lembra também daquele cartaz absurdamente longo que eles tinham? — indagou Warren.

— Você quer dizer a faixa que dizia: "Aposentadoria parcial aos 80 é a nova aposentadoria aos 65?"

— Essa mesma. Pois é, você me pegou trabalhando parcialmente — disse ele, com uma risadinha. — A que devo a honra desse telefonema?

— Ah, Warren. Ultimamente, tudo parece demais. Estou viajando o tempo todo. Meu pobre marido não me vê há semanas e estou com saudades das minhas netas. Estou me perguntando se eu também não deveria me aposentar parcialmente.

— Por que você acha isso?

— Muitas pessoas da minha idade estão pensando em se aposentar, e não em um interminável ciclo de ginástica logística. Minha assistente tenta manter minha agenda razoável, mas tudo parece piorar a cada ano. Sinceramente, estou me sentindo esgotada. As coisas têm estado frenéticas no trabalho. Simplesmente não sinto mais aquela antiga paixão pelo que faço.

— Continue — pediu Warren.

— Eu sempre disse que nunca me aposentaria aos 65. Mas agora, que faltam apenas alguns anos para isso, não estou bem certa. Talvez eu esteja apenas precisando de algo que me revigore. Estar exausta é um motivo para jogar a toalha?

— O que você se vê fazendo quando se aposentar?

— Decididamente, quero passar mais tempo com Sarah e as gêmeas.

— Mas você quer fazer isso o tempo *todo*? — perguntou Warren.

— Não exatamente, mas não paro de ouvir as vozes dos meus amigos soando em meus ouvidos.

— E o que essas vozes dizem?

— Eles não param de me dizer: "Você já não trabalhou o suficiente, Diane?" Todo mundo parece estar convencido de que eu deveria deixar a minha carreira em segundo plano pelo menos uma vez. Recebo essa mensagem especialmente quando encaminho outra linda foto das gêmeas a outras pessoas.

Warren fez uma pausa antes de responder.

— O que estou escutando você dizer é que, neste momento, falta paixão em sua carreira. Você está se sentindo sobrecarregada e tem a irritante sensação de que talvez esteja na hora de deixar, de uma vez por todas, todo esse mundo de trabalho para trás e pendurar uma grande tabuleta com os dizeres "aposentada" na sua porta.

— É mais ou menos isso. O que você acha?

Ela esperava que Warren a apoiasse, mas a resposta do amigo a colocou imediatamente na defensiva.

— Acho que você precisa de mais equilíbrio em sua vida. No momento, está dando demais de *si mesma* para seu trabalho. Você precisa dar uma parte maior de si para as pessoas fora do trabalho.

— Mas eu já faço isso! — retrucou Diane, com excessiva rapidez e em um tom alto demais. — Faço doações para instituições beneficentes, sou voluntária nos feriados no banco de alimentos e me esforço ao máximo para estar disponível para meus amigos e minha família.

— Talvez eu não tenha me feito entender com clareza. Você não precisa de mais itens em sua lista de coisas a fazer. Precisa compartilhar quem você é com os outros. Você já pensou em ser mentora de alguém?

— Warren! Eu preciso de energia e foco, não de outra distração.

— É aí que está — disse Warren. — Se encontrar alguém que genuinamente deseje orientar, esse relacionamento lhe proporcionará a energia de que você precisa.

— Mas de quem eu poderia ser mentora?

— Que tal alguém jovem no setor de vendas? Isso fará com que você se lembre do motivo pelo qual se envolveu originalmente com o trabalho. E também lhe mostrará o quanto já caminhou. Ser mentora de uma pessoa jovem a ajudará a focar em seus próximos passos.

— Onde eu encontraria essa pessoa?

— Apenas fique de olhos e ouvidos bem abertos. Quando se determinar a ser mentora, ficará impressionada com as pessoas que surgirão no seu caminho.

> Ser mentora de uma pessoa jovem a ajudará a focar em seus próximos passos.

— Pensando bem, ao longo dos anos, várias pessoas me procuraram em busca de ajuda. Sempre recusei, porque estava ocupada demais. E ainda me preocupo, pois acho que não terei tempo para fazer isso da maneira adequada.

— Não se preocupe. Muitas pessoas evitam o mentoring porque pensam que isso consome muito tempo. Não precisa ser assim. Alguns dos melhores conselhos que já recebi vieram de pequenas informações em conversas casuais com meus mentores.

"Eu? Uma mentora?" Diane ainda não estava muito certa disso. Mas não era a primeira vez que discordava de Warren de imediato. Ao longo dos anos, ela aprendera a fazer uma pausa antes de responder a ideias importantes, especialmente quando vinham dele.

— Tudo bem. A ideia me assusta, mas vou tentar. Desde que eu possa contar com você para me guiar durante o processo.

— Esse é o espírito da coisa — declarou Warren. — Ok, tenho que atender outro telefonema. Mas a verei em breve. Seu aniversário não está próximo?

— Está, mas ainda não tive tempo de organizar uma festa.

— Bem. Se a festa acontecer e eu for convidado, é melhor que eu não veja nenhum cartaz de aposentaria por lá. Pelo menos não enquanto você não tentar ser mentora de alguém.

> **Muitas pessoas evitam o mentoring porque pensam que isso consome muito tempo. Não precisa ser assim.**

— Não haveria festa sem você, Warren. E não será uma festa de aposentadoria. Pelo menos por enquanto. Obrigada pelo papo estimulante.

IDEIAS DE UM MINUTO

Pare, reflita e aprenda

- Você tem evitado ser um mentor porque acha que isso ocupará demais o seu tempo?

- Ser mentor — embora exija uma comunicação regular — não é uma ocupação de tempo integral.

- A maioria das pessoas se sente estimulada com seus relacionamentos de mentoring; você provavelmente sentirá o mesmo.

- Ao se determinar a encontrar um *mentee*, você se tornará mais aberto a possíveis parcerias de mentoring ao seu redor.

A busca

Quando Josh voltou para seu apartamento naquela noite, Dev estava mexendo em um computador na mesa de jantar.

— Estou trocando o disco rígido — explicou Dev.

Enquanto Dev trabalhava, Josh falou sobre a conversa que tivera com seus pais e seu irmão a respeito de encontrar um mentor.

— Meu chefe sugeriu que eu perguntasse a Eric, o rapaz que trabalha comigo, se ele estaria interessado. Não me importo de aprender coisas com ele, mas adoraria encontrar alguém mais velho e com mais experiência para ser meu mentor. Alguém que pudesse me ajudar a descobrir até mesmo se vendas é a carreira certa para mim. Você tem alguma sugestão?

Dev parou por um instante para pensar e, em seguida, respondeu:

— Quase todos os meus contatos são nerds tecnológicos da nossa idade, então acho que não poderiam ajudar muito. Mas tenho um tio que trabalha com vendas há muitos anos e é muito bem-sucedido. Você quer que eu o apresente a ele?

— Parece um bom começo — concordou Josh.

*

Dois dias depois, Josh estava sentado em um restaurante com o tio de Dev, Ron, um homem de 50 e poucos anos, elegantemente vestido. Ron certamente tinha a imagem do sucesso.

— Dev me disse que você está tentando decidir se vendas é a área certa para você. Vou lhe dizer uma coisa: se você quer ganhar dinheiro, permaneça nesse setor! É o único emprego no qual o céu é o limite. Nos demais, você recebe um salário e depois precisa implorar por uma bonificação. *Implorar!* Meu salário está sob o meu controle. Depende apenas de quanto quero trabalhar e do número de vendas que quero fechar. Ponto-final.

— Eu estava esperando que esse fosse o meu caso — declarou Josh —, mas acho que é mais fácil falar do que fazer.

Ron apontou o dedo para o rosto de Josh e disse:

— Você precisa ser obstinado! Nem sempre as coisas são fáceis, de modo que você tem que ser persistente e trabalhar quantas horas forem necessárias. O que o está impedindo de dedicar todo tempo e energia que tem ao trabalho? Você está vivendo e respirando vendas?

— Bem, eu tenho uma vida fora do trabalho. Passo algum tempo como um "irmão mais velho" para um menino chamado Ricky. Também gosto de me manter em forma, de modo que faço caminhada ou jogo basquete com Dev e outros amigos nos fins de semana. É bom manter o equilíbrio na vida, certo?

— Esqueça o equilíbrio! Você precisa se lembrar do seguinte: as vendas estão onde está a ação. A empresa depende de você. Você precisa primeiro ganhar muito dinheiro, para *depois* alcançar algum equilíbrio na vida.

A partir de então, a conversa começou a perder o rumo. O tio de Dev só falava em vendas, vendas e mais vendas — e não tinha escrúpulos a esse respeito. Ron desconsiderava tudo o que Josh dizia. Logo ficou claro para Josh que o tio de Dev, por mais bem-sucedido que fosse, não era alguém com quem ele gostaria de passar muito tempo, muito menos ter como mentor.

Várias semanas se passaram e Josh descobriu que não era fácil encontrar um mentor. Conversou com várias pessoas recomendadas por amigos, parentes e colegas de trabalho. Nenhuma delas era exatamente o que estava procurando. Valores, personalidade, experiência de trabalho e horários incompatíveis foram fatores impeditivos.

Ainda assim, ele permaneceu esperançoso.

Um dia, quando ele passava na sede dos Big Brothers Big Sisters para pegar ingressos para um jogo ao qual iria levar Ricky, a situação mudou. Um dos orientadores passou por ele na entrada e perguntou:

— Como vão as coisas, Josh?

Josh não conseguiu deixar de mencionar o que estava acontecendo, e desabafou:

— Com meu "irmão mais novo", tudo às mil maravilhas, mas, com meu emprego, nem tanto.

— O que está acontecendo?

— Digamos que não estou avançando. Na verdade, tenho procurado um mentor. Alguém que possa me ajudar a levar minha carreira a um novo patamar.

— Você deveria falar com Linda Partridge. Ela conhece todo mundo — aconselhou o homem, sem titubear.

— Ela não é a presidente da divisão local da Big Brothers Big Sisters? Não quero incomodá-la com meus problemas.

— Você obviamente não conhece Linda — disse o homem, sorrindo. — Ela vive para ajudar as pessoas. Eu o acompanho; vamos ver se ela está na sala dela.

*

Alguns instantes depois, Josh estava sentando diante da mesa de Linda.

— Como posso ajudá-lo? — perguntou.

— Preciso de orientação na minha carreira. Trabalho com vendas atualmente, mas não estou certo de que queira permanecer nessa área. Venho procurando um mentor, mas tenho tido dificuldade em encontrar um.

— O que você aprendeu até agora em sua busca?

— Aprendi o que eu *não* quero em um mentor e também o que eu quero. Desejo contar com uma pessoa que não apenas seja bem-sucedida, mas que também se importe com a família e os amigos. Gostaria de encontrar alguém que tenha as qualidades que eu valorizo, como sinceridade, integridade, generosidade e bom humor.

Linda assentiu com a cabeça e disse:

— Nem sempre é fácil, mas encontrar alguém cujos valores e personalidade coincidam com os seus é importante.

— Sem dúvida. Conheci um possível mentor que só pensava em trabalho, em detrimento de tudo o mais.

Outro cara que conheci não tinha nenhum senso de humor e era completamente voltado para si mesmo. Ele simplesmente não me deixava participar da conversa.

Nem sempre é fácil, mas encontrar alguém cujos valores e personalidade coincidam com os seus é importante.

— Parece que você precisa de alguém que seja um excelente ouvinte e que tenha a capacidade de se voltar para os outros.

— Alguém lhe vem à cabeça?

— Neste momento, não, mas vou pensar. Aposto que vou conseguir sugerir um ou dois candidatos.

*

Mais tarde, ainda naquela semana, quando estava no supermercado, Linda topou com sua antiga colega e amiga de faculdade Diane Bertman.

— Que bom ver você! — exclamou Linda.

— Minha agenda anda tão cheia esses dias que a única ocasião em que consigo me encontrar com você é na festa anual de arrecadação de recursos da Big Brothers Big Sisters — declarou Diane, balançando a cabeça.

— Não se preocupe, Diane. Sou muito grata por você e Mark sempre terem feito doações tão generosas.

Diane contou a Linda sobre sua indecisão sobre a aposentadoria e comentou:

— Meu conselheiro de confiança, Warren, sugeriu que eu desviasse um pouco meu foco dos negócios e encontrasse alguém jovem para orientar.

— É interessante você mencionar isso — declarou Linda. — Outro dia, eu estava conversando com um dos nossos "irmãos mais velhos" a respeito da necessidade de ele encontrar um mentor para sair da crise em que se encontra. Vocês dois talvez formem um par perfeito. Ele trabalha com vendas e não tem certeza do rumo que sua carreira deve tomar. E você trabalha com vendas, mas não está certa de que é onde deve passar o resto da vida.

— Que tipo de pessoa ele é?

— Ele é incrível. É um dos melhores "irmãos mais velhos" que temos. Tem um coração maravilhoso e compassivo. As crianças simplesmente o adoram.

— Parece promissor.

— Tenho uma ideia. Vou organizar um almoço para que vocês se conheçam melhor, o que acha?

— Se ele concordar, para mim, está ótimo — respondeu Diane.

Ideias de um minuto

Pare, reflita e aprenda

- Existem muitos tipos de parceria de mentoring: entre colegas, entre um adulto e um adolescente, entre aprendiz e mestre, intergeracional e mentoring dentro da empresa. O que você procura em um mentor vai depender do tipo de relacionamento de mentoring que está buscando.

- Pense nas principais qualidades que você procura em um mentor ou *mentee* antes de iniciar a busca. Quais valores e características de personalidade são importantes para você?

- Seja cortês com seus mentores em potencial. Se vocês dois não entrarem em sintonia, comunique prontamente sua decisão e agradeça pelo tempo dedicado.

- *Mentees em potencial, sejam valentes.* Quando você pede a alguém para ser seu mentor, o pior que pode acontecer é tudo ficar na mesma. Se a pessoa não aceitar, é porque você, de qualquer modo, não encontraria um mentor nela!

O primeiro encontro

É difícil dizer quem estava mais nervoso no encontro daquela segunda-feira, no Bayside Grill — Diane, que manuseava a bolsa com nervosismo enquanto esperava na entrada do restaurante, ou Josh, que enxugava a palma das mãos na calça enquanto abria a porta do restaurante em busca de uma mulher que se encaixasse na descrição que Linda fizera.

Depois que Diane e Josh se sentaram, conversaram brevemente a respeito da amiga em comum, Linda, e das boas coisas que ela lhes dissera a respeito um do outro. Assim que o garçom anotou os pedidos, Diane foi direto ao assunto.

— Há muitos anos, meu primeiro chefe me ensinou que trabalhar com outra pessoa tem dois aspectos: a essência e a forma — disse ela. — A *essência* envolve compartilhar o que for preciso com a mais absoluta sinceridade e encontrar valores em comum. A *forma* diz respeito à estrutura e sobre como podemos trabalhar juntos. Parece que sempre que vou direto à forma, sem antes explorar a essência, as coisas não dão certo. Vamos, então, declarar este almoço um encontro de essência no qual vamos nos conhecer, saber o que valorizamos e o que existe em nosso coração.

— Estou feliz por você ter mencionado isso — disse Josh. — Até agora, em minha busca por um mentor, nada deu certo, porque não senti essa conexão sincera a que você está se referindo.

— Então vamos nos conhecer melhor — declarou Diane. — Fale um pouco mais a respeito de quem você é.

Josh ficou calado durante algum tempo. Quem ele era, realmente?

A *essência* envolve compartilhar o que for preciso com a mais absoluta sinceridade e encontrar valores em comum. A *forma* diz respeito à estrutura.

— Tenho 28 anos — começou. — Eu me formei em Administração pela UC Berkeley. Divido um apartamento com um colega, Dev, que é meu amigo desde a faculdade. Ele é um engenheiro muito engraçado e inteligente, e está sempre ao meu lado quando preciso. Sinto-me um cara de sorte por tê-lo em minha vida.

— Linda disse que você é um dos melhores "irmãos mais velhos" de nossa divisão. O que o levou a participar do programa? — perguntou Diane.

— Meus pais apoiam muito a Big Brothers Big Sisters. Quando ouvi falar dos desafios que algumas dessas crianças enfrentam e na diferença que algumas horas de nosso tempo podem fazer na vida delas, decidi me inscrever.

— Parece que você tem bons pais — comentou Diane.

— De fato, eles são meus heróis. Sempre pedi conselhos a eles. Meu pai é um executivo da televisão e minha mãe é diretora de uma escola de ensino médio. Tenho um irmão mais velho, Brian, que trabalha no setor imobiliário. Ele tem um MBA e acha que eu deveria fazer o mesmo, mas não tenho certeza de que seja esse o rumo que quero dar à minha vida.

— Por que não? — indagou Diane.

— Tenho pensado muito a respeito disso ultimamente — respondeu Josh. — Não sei se eu deveria focar minha carreira em negócios. Sei que não estou realmente explorando meus talentos na área de vendas.

— O que você ama fazer?

— Adoro conversar com pessoas, mas não gosto necessariamente de tentar vender coisas a elas.

— O que o incomoda a respeito disso? — indagou Diane.

— Não gosto do fato de as metas de vendas sempre pararem na minha agenda, fazendo com que eu queira que as pessoas comprem alguma coisa, quer isso vá ajudá-las ou não. Pelo menos é assim que me sinto.

— Você é franco e direto, não é mesmo? — disse Diane, com uma risada. — Essa é uma percepção interessante a respeito de vendas. Devo dizer que, na condição de profissional de vendas, não é assim que me sinto. Não tento forçar uma venda quando não acho que isso seja do interesse da pessoa. Mas não há nada de que eu goste mais do que vender o produto ou o serviço certo para a pessoa certa.

Enquanto conversava com Josh, Diane sentiu uma parte de sua antiga paixão pelo trabalho pulsar novamente em suas veias.

Josh sacudiu a cabeça e replicou:

— Entendo, mas não sou assim. Minha empresa tem um excelente produto, e eu sei que existem pessoas que precisam dele e o desejam. Mas conectar essas duas coisas não desperta minha paixão.

— Você consegue se lembrar de algum momento em que tenha se sentido entusiasmado ao trabalhar com outras pessoas?

— Entusiasmado?

— Uma experiência tão envolvente que você não tenha sentido o tempo passar.

Josh pensou um pouco e respondeu:

— A única coisa que me vem à cabeça são os meus tempos de faculdade. Nos últimos anos da graduação, frequentei aulas de jornalismo e entrei para a equipe do jornal interno. Vibrei quando me pediram para cobrir eventos interessantes no campus. Eu tinha que entrevistar alunos, professores e gestores. Era tão legal fazer esse trabalho que eu mal podia acreditar que estava ganhando créditos acadêmicos por ele. E, apesar de todo o trabalho extra além das aulas, minha média estava subindo. Simplesmente adorei tudo aquilo.

— O que, exatamente, você mais apreciava nessa tarefa? — perguntou Diane.

— Eu realmente gostava de entrevistar as pessoas e ver se conseguia extrair detalhes relevantes para transformá-los em uma boa matéria.

— Considerando o quanto você gostava daquilo, por que não se formou em Comunicação e seguiu carreira nessa área?

— Meu pai não gostou muito dessa ideia. Ele me incentivou a continuar na área de Administração. Disse que seria uma carreira muito mais lucrativa no mundo real.

Diane fitou Josh com uma expressão pensativa e comentou:

— Então, se estou entendendo direito, parece que o que você valoriza é a amizade e a família. E também se entusiasma ao falar com as pessoas e contar a história delas.

— É mais ou menos isso — respondeu Josh. — Mas acho que já falei bastante sobre mim. Se você não se importa, eu gostaria de saber mais a seu respeito.

Diane foi pega de surpresa. Fazia algum tempo que ela não falava sobre si mesma.

— Tudo bem — disse ela. — Prosseguindo em sua linha de raciocínio, vou começar pela minha idade. Estou prestes a completar 60 anos. Minha assistente está organizando uma grande festa, mas não estou nem um pouco empolgada com a ideia.

— Por que não?

— Acho que é porque não estou realmente certa a respeito do que quero fazer a seguir, e as pessoas na festa certamente vão me perguntar. Vejamos, eu me formei pela USC e me casei com meu namorado da faculdade, Mark. Estamos casados há 35 anos e temos uma filha que nos deu duas lindas netas. Gêmeas, na verdade. Esta é a única coisa sobre a qual estou certa: quero passar mais tempo com as gêmeas.

— Não vejo você como avó em tempo integral — declarou Josh. — De acordo com o que Linda me falou, sua carreira é realmente importante para você. Isso é verdade?

— É, eu adoro vendas. Adorei desde o dia em que comecei a trabalhar como representante de vendas júnior e, para ser sincera, amo ser vice-presidente de vendas da Quest Media. Tenho muita sorte por trabalhar em uma indústria criativa com tantas pessoas talentosas! Mas, depois de ouvi-lo falar, acho que meu problema é exatamente oposto. Você parece ter pouco estímulo e não ser nem um pouco louco por vendas, enquanto eu adoro meu trabalho, sinto-me altamente estimulada, porém exausta o tempo todo. As viagens internacionais estão realmente me incomodando. As pessoas estão sempre me ouvindo fazer queixas sobre isso e vêm sugerindo que eu talvez deva me aposentar.

— É isso que você deseja fazer? — perguntou Josh.

— Você realmente gosta de entrevistar as pessoas, não é? Respondendo à sua pergunta, não sei. Sempre valorizei ser produtiva e não sei como me sentiria útil se me aposentasse.

Com a chegada do almoço, a conversa se desviou para os livros e filmes favoritos, e as coisas que mais valorizavam na vida — família, amigos e animais de estimação.

Quando estavam quase terminando, Diane disse:

— Conversando aqui com você, eu me lembrei da razão para ter ingressado nessa área. Não tenho certeza de que seja o lugar certo para eu estar neste momento da vida, mas suas perguntas me fizeram refletir.

Josh sorriu e declarou:

— É realmente um privilégio ouvir uma pessoa tão bem-sucedida quanto você falar a respeito da sua vida. E suas perguntas também me ofereceram muitas coisas sobre as quais pensar.

— A partir do meu ponto de vista, este foi um bom encontro de *essência* — disse Diane. — Estou interessada em dar continuidade ao que iniciamos, mas preciso pensar sobre como isso vai funcionar sob o aspecto logístico, sob o aspecto do meu tempo e das minhas prioridades. O que você acha de passarmos para a forma em nosso próximo encontro?

— Parece ótimo. Eu estava torcendo para que houvesse um próximo encontro.

Eles se levantaram e se encaminharam para a saída. Na porta, Josh estendeu a mão.

— Muito obrigado pelo tempo que você me concedeu hoje — agradeceu.

Diane retribui o aperto de mão.

— Não há de quê. Foi um prazer; e não estou falando isso apenas por falar.

Ideias de um minuto

Pare, reflita e aprenda

- Em um primeiro encontro bem-sucedido com um mentor ou *mentee* em potencial, coloca-se o pessoal antes do tático — ou, como diz Diane, a essência antes da forma. Seus valores são compatíveis com os da outra pessoa? As personalidades estão em sintonia? A conversa flui?

- Independentemente de você ser um mentor em busca de um *mentee* ou um *mentee* em busca de um mentor, lembre-se de seguir sua intuição ao tomar decisões a respeito de dar seguimento a um relacionamento de mentoring. Se não parece certo, é porque vocês provavelmente não combinam.

- Se você é o *mentee* em potencial, lembre-se de agradecer ao mentor em potencial. Não importa qual o resultado do encontro, a pessoa lhe fez um favor ao encontrá-lo.

A missão é fundamental

Ao longo dos dez dias seguintes, enquanto Diane viajava para outro fuso horário, os dois trocaram alguns e-mails, expressando o interesse mútuo no relacionamento de mentoring que estava começando.

Quando Diane regressou das viagens, eles voltaram a se encontrar no Bayside Grill.

— Tenho pensado a respeito da logística de nossa parceria de mentoring, ou seja, em como vamos trabalhar juntos — declarou Diane quando se acomodaram nas cadeiras.

— Você quer dizer a parte da forma, em contraste com a parte da essência, sobre a qual falamos da última vez? — perguntou Josh.

— Exatamente. Pela minha experiência, o primeiro passo em qualquer relacionamento de trabalho é ter uma declaração de missão clara. Afinal de contas, se não soubermos para onde estamos indo, é bem provável que nunca cheguemos lá.

— O que exatamente você quer dizer com missão? — indagou Josh.

— A missão se refere ao propósito de nosso relacionamento de mentoring. Embora nossa declaração de missão não precise ser complicada, ela deve ser redigida com cuidado, porque será a coisa mais importante a respeito da qual ambos estaremos de acordo.

— Ouvi dizer que a declaração de missão informa às pessoas o negócio em que se encontram. Qual é o nosso negócio, Diane?

O primeiro passo em qualquer relacionamento de trabalho é ter uma declaração de missão clara.

— Creio que estamos no negócio de recuperar a paixão — declarou Diane, convicta. — O que você acha? "A missão do nosso relacionamento de mentoring é ajudá-lo a recuperar o entusiasmo a respeito de seu propósito no mundo?"

— Acho que está bom — respondeu Josh —, mas acho que ainda falta alguma coisa. Um grande problema para mim é esclarecer as dúvidas sobre a minha carreira. Que tal dizer: "Nossa missão é me ajudar a recuperar a clareza e a paixão pelo meu trabalho."

— Está ótimo. Você realmente tem um dom especial para as palavras.

— Obrigado, mas meu problema com essa declaração de missão é que ela só diz respeito a mim. O que você irá ganhar com o nosso relacionamento?

— Warren, meu mentor, me disse que, se eu fosse mentora de alguém, obteria a energia e o foco necessários para seguir meus próximos passos.

— Então você está me dizendo que o fato de me ajudar também irá ajudá-la? — Josh sorriu diante da ideia de que ele realmente poderia ter alguma coisa a oferecer a uma pessoa tão bem-sucedida quanto Diane.

— É isso que Warren diz; e eu aprendi a ouvir os conselhos dele. Ele também me ensinou o poder de fazer anotações em um diário.

Diane abriu a sua pasta, pegou um caderno de espiral e disse:

— Este vai ser meu diário de mentoring. Sou da velha guarda, de modo que o papel ainda funciona para mim. Você talvez queira ter o seu diário de mentoring em seu celular ou em outro lugar. É aqui que vamos acompanhar o andamento do nosso mentoring.

Josh pegou o celular e acionou um novo aplicativo com o qual vinha mexendo.

— Por enquanto, vou gravar minhas anotações aqui — disse ele. — Por onde começo?

— O primeiro passo é registrar a declaração de missão com a qual concordamos.

— Vou repeti-la em voz alta para poder assimilá-la. — Josh falou então o seguinte no celular: "A missão do nosso relacionamento de mentoring é me ajudar a recuperar a clareza e a paixão pelo meu trabalho."

Diane escrevia em seu diário enquanto Josh falava.

— Isso mesmo — concordou ela.

— E agora? — perguntou Josh.

— Isso depende do que acontecer — respondeu Diane. — É no nosso diário que vamos registrar nossas preocupações, necessidades, momentos de progresso e ideias sobre como poderei ajudá-lo. Warren me garantiu que, durante o processo, também terei novas ideias e clareza.

— Espero que sim. Gosto do aspecto de reciprocidade do processo — declarou Josh.

— Agora, no tempo que nos resta, por que não abordamos os problemas que podem estar retardando seu progresso? Por exemplo, você mencionou sua preocupação com o fato de o novato que está compartilhando a estação de trabalho com você estar tendo um desempenho melhor do que o seu.

— Detesto admitir, mas isso realmente me incomoda — declarou Josh.

— Entendo perfeitamente — disse Diane. — Mas, a curto prazo, recomendo que você tente aprender alguma coisa com ele, como sua chefe sugeriu.

— Mas eu sequer tenho certeza de que quero continuar a trabalhar com vendas.

— Também compreendo isso — afirmou Diane. — Mas não creio que você deva abandonar mentalmente seu trabalho atual enquanto não tiver uma direção clara e algumas oportunidades em potencial. Sem um emprego para pagar as contas, pensar nos próximos passos de sua carreira será bem difícil.

— Então, devo tirar meu ego do caminho e aprender com Eric. Acredito que isso vai me permitir ganhar tempo para refletir um pouco sobre a realidade mais ampla.

— Exatamente — disse Diane.

— A parte mais difícil para mim será engolir meu orgulho e aprender com alguém mais novo do que eu.

— Estou ansiosa para saber como isso vai se desenrolar. Não poderemos nos encontrar pessoalmente por um mês, porque vou fazer outra viagem.

Enquanto esperavam a conta, Josh e Diane planejaram um telefonema em duas semanas.

Anotando o encontro por telefone em sua agenda, Diane se deu conta de que, quando ela e Josh voltassem a conversar, ela já teria completado 60 anos.

"Para onde vão os anos?", pensou ela.

IDEIAS DE UM MINUTO

Pare, reflita e aprenda

- O mentoring bem-sucedido começa com uma poderosa declaração de missão. O que você espera alcançar com sua parceria? Enuncie sua missão em uma declaração simples que você possa evocar de pronto.

- Embora as declarações de missão focalizem o *mentee*, tanto o mentor quanto o *mentee* vão dar e receber no relacionamento. A declaração de missão deve refletir isso.

- Mantenha um diário de sua jornada de mentoring para poder acompanhar suas metas e seu progresso.

✤

COMECE A AGIR

MISSÃO

Crie uma missão — um propósito para sua parceria de mentoring

✤

Envolvimento:
consolide o relacionamento

Mark Bertman subiu à tribuna e passou os olhos pelo salão de festas, que estava repleto de amigos, pessoas queridas e admiradores de sua mulher, Diane. As mesas estavam enfeitadas com balões e flores. Na parede dos fundos, estava pendurada uma faixa com os seguintes dizeres: "Feliz aniversário de 60 anos, Diane! É apenas o começo."

Mark levantou a taça de champanhe e deu várias pancadinhas nela com o garfo, fazendo o tilintar repercutir pelo salão.

— Sua atenção, por favor — retumbou sua voz agradável de barítono. — Vamos fazer um brinde à minha maravilhosa esposa, uma pessoa especial na vida de todos nós. Que este ano seja o início de grandes coisas que estão por vir para você, Diane!

Aplausos irromperam em meio às aclamações dos presentes. Warren Riggs foi o próximo a fazer um brinde a Diane, seguido por várias outras pessoas importantes na vida dela.

Quando as saudações terminaram, Warren se encaminhou para Diane e puxou-a para o lado.

— Feliz aniversário, mulher incrível — disse, abraçando-a.

Diane retribuiu o abraço e disse:

— Ah, Warren. Nem mesmo sei como começar a lhe agradecer. Você tem sido tão importante na minha vida...

— Estou feliz por não ter visto uma faixa de aposentadoria quando entrei.

— De fato, você não viu. Vai ficar orgulhoso de saber que eu segui seu conselho. Agora tenho um relacionamento de mentoring.

— Parabéns! Fale-me sobre isso.

— Estou orientando um rapaz de 28 anos que trabalha em uma empresa de software. Josh está na área de vendas, mas não está se saindo muito bem, do ponto de vista dos resultados ou da satisfação.

— E como está indo o mentoring?

— Comecei com o modelo da essência e da forma que você me ensinou, anos atrás. A parte da essência foi fácil, porque realmente gosto de Josh. Ele é um bom rapaz.

— O que a leva a afirmar isso?

— Em primeiro lugar, ele é um "irmão mais velho" para um adolescente em situação de risco, o que me diz muito a respeito dele. Além disso, também é educado e franco, e é fácil falar com ele. Acho que ele também se sente à vontade comigo.

— E a forma? — perguntou Warren.

— Começamos por definir uma declaração de missão.

— Excelente! — exclamou Warren. — Qual é a sua missão?

Diane recitou de cor, com facilidade, a missão:

— "Nossa missão é ajudar Josh a recuperar a clareza e a paixão pelo seu trabalho."

— Formidável. E agora?

— Isso é exatamente o que eu ia perguntar a você! Não tenho muita certeza do rumo que devemos tomar agora. Gerenciei muitas pessoas e projetos no trabalho, mas, pelo que vi, ser mentora é um pouco diferente.

— Parece que você tem uma missão clara. Mas, como acontece em qualquer relacionamento bem-sucedido, vocês têm que decidir como desejam se comunicar um com o outro — com que frequência e de que maneira.

Diane franziu as sobrancelhas e disse:

Decidam como desejam se comunicar um com o outro — com que frequência e de que maneira.

— Por causa da minha agenda frenética de viagens, não definimos encontros regulares. Talvez isso tenha sido um erro. No momento nos encontramos quando é possível.

— Talvez seja interessante estruturar isso. Assumam o compromisso de ter uma reunião semanal, pelo menos, mesmo que seja por telefone ou on-line. Perder um encontro de vez em quando é aceitável, mas, no início do relacionamento, enquanto vocês o estão consolidando, recomendo que o contato seja semanal.

A ideia de outro compromisso semanal incomodou Diane.

Warren percebeu o olhar insatisfeito da amiga e comentou:

— Não se preocupe, Diane, isso é apenas durante o primeiro mês ou um pouco mais, enquanto vocês estão se conhecendo. Depois disso, vocês não precisarão mais manter contato com tanta frequência.

— Tudo bem, eu acho. Sei que você disse que o mentoring seria uma relação positiva para os dois e que eu também extrairia alguma coisa dele. Mas, para ser sincera, até agora tudo me parece bastante unilateral. Josh é relativamente jovem e inexperiente.

— Esse talvez seja o caso. Mas você ficaria surpresa. Os jovens nos beneficiam ao nos apresentar a novas maneiras de pensar e nos comunicar. Por exemplo, aprendi muito a respeito de tomar a iniciativa com você, Diane.

— É mesmo?

— Com certeza. Observá-la correr riscos ao longo dos anos me inspirou a também buscar novas oportunidades. Mas a razão pela qual eu estava aberto às suas ideias foi o fato de nos darmos tão bem e da confiança mútua que construímos. Espero que você e Josh possam desenvolver o mesmo envolvimento e a mesma confiança.

— É o que também espero. Eu o manterei informado sobre nosso progresso.

— Essa é uma ótima ideia, porque, de vez em quando, será interessante que você pare e avalie onde está e como está se saindo em sua missão. Eu adoraria fazer parte desse processo e ajudá-la como puder.

De repente, ambos notaram uma pequena movimentação enquanto uma jovem com um carrinho de bebê duplo abria caminho por entre os presentes em direção a Diane.

— Nada de monopolizar minha mãe no dia do aniversário dela! — exclamou a moça, olhando para Warren. — Eu e as meninas voamos mais de 3 mil quilômetros para estar com ela hoje.

Os olhos de Diane se arregalaram e seu rosto se iluminou. Depois de dar um abraço bem apertado na filha, Sarah, ela se ajoelhou ao lado do carrinho para olhar e falar coisas doces para as netas.

Quando Diane ergueu os olhos, eles estavam cheios de lágrimas.

— Este foi o melhor presente de aniversário que eu poderia ganhar.

*

Para Josh, as duas semanas que transcorreram até o dia em que deveria telefonar para Diane foram desafiadoras. Ele realmente estava tendo de refrear seu ego enquanto tentava aprender com Eric, seu colega de trabalho.

Quando chegou o dia do telefonema, Josh saiu furtivamente do saguão da JoySoft no intervalo do almoço e ligou para Diane.

— Alô?

Ele ficou surpreso com quanto se sentiu aliviado apenas ao ouvir a voz dela.

— Oi, Diane. É o Josh.

— Como vão as coisas? — perguntou ela.

— Você se lembra do Eric, meu colega de trabalho, com quem você e meu chefe me encorajaram a aprender? Ele é realmente competente. Conseguiu meia dúzia de grandes clientes e agora a empresa está lhe dando sua própria sala. No início, fiquei irritado com isso, porque sou mais antigo. Achei que eu deveria ganhar uma sala própria antes dele. Mas depois, pensando melhor, por que eu deveria exigir uma nova sala se nem mesmo tenho certeza de que vendas é a área certa para mim?

— É assim que se pensa, Josh. O fato de outra pessoa estar tendo sucesso na carreira é uma coisa boa, certo? Obviamente, vendas é a carreira perfeita para Eric. Uma vez que você consiga esclarecer o que realmente deseja fazer, todas as portas também se abrirão para você.

— Espero que sim. Sinceramente, as duas últimas semanas foram bem difíceis.

— Há quanto tempo o que aconteceu com Eric o vem incomodando?

— Eu soube da nova sala dele no dia seguinte à nossa última conversa.

— Por que você não me enviou um e-mail?

— Porque eu sabia que tínhamos um telefonema programado e quis respeitar o seu tempo.

— Agradeço por sua consideração, Josh. Mas, se alguma coisa importante acontecer e você achar que precisa de apoio, vamos combinar que não vai esperar o encontro seguinte que tivermos programado para entrar em contato comigo, ok?

— Tudo bem — concordou Josh.

— Aliás, eu estava conversando com o meu mentor, Warren, e ele recomendou que deveríamos manter contato uma vez por semana, pelo menos no primeiro mês.

— Então tudo bem se eu enviar um e-mail ou mensagem de texto para você se alguma coisa desse tipo acontecer?

— Na verdade, para discutir problemas, prefiro falar por telefone. Talvez seja uma coisa da minha geração. Mas qualquer tipo de comunicação é melhor do que nenhuma, principalmente se algo o estiver incomodando.

— O que estou entendendo é que, para completarmos com êxito nossa missão, precisamos manter as linhas de comunicação abertas.

Uma vez que você consiga esclarecer o que realmente deseja fazer, todas as portas também se abrirão para você.

— Exatamente — confirmou Diane. — E, por falar em e-mails, também gostaria que você me enviasse um breve resumo semanal a respeito do que está acontecendo com você, o que anda pensando e como eu poderia ajudar. Não registre seus pensamentos apenas em seu aplicativo do diário. Comunique-se *comigo* também. O que você acha disso?

— Parece ótimo — respondeu Josh. — Mas, falando sobre como você poderia ajudar, o certo é que você tem muito mais experiência em vendas do que Eric. Eu realmente gostaria de dispor de ferramentas e técnicas que pudessem me ajudar a ser um melhor profissional de vendas agora. Quero dizer, afinal de contas, você é vice-presidente de vendas.

Diane escolheu com cuidado as palavras seguintes.

— Creio que esta seja uma boa ocasião para falar a respeito da diferença entre mentoring e coaching. Sou sua mentora, Josh, não sua coach de vendas. Esses dois termos são frequentemente usados de forma intercambiável. No entanto, para nosso propósito, o coach o ajuda a se concentrar no desempenho e no desenvolvimento de habilidades. Por exemplo, no momento, Eric é seu coach. Um mentor o ajuda a focar nas questões de longo prazo, coisas como o equilíbrio entre a vida profissional e a pessoal, e uma visão mais ampla do desenvolvimento da carreira.

— Isso faz sentido, eu acho — disse Josh. — Então, no que devo me concentrar?

— Concentre-se em seu trabalho durante o dia, mas não o leve para casa à noite ou nos fins de semana. Em vez disso, use esse tempo para uma introspecção. Você disse que sua paixão é conversar com as pessoas e contar a história delas. O que você poderia fazer fora do trabalho para desenvolver essas habilidades? Talvez você possa começar por aí.

— Se você insiste, mentora...

— Insisto. Mas não fique surpreso se, de vez em quando, eu lhe der algumas boas dicas de vendas.

Ideias de um minuto

Pare, reflita e aprenda

- Defina, desde logo, algumas regras básicas para o tipo de envolvimento que vocês esperam um do outro. Com que frequência se encontrarão? Vocês se falarão por telefone, enviarão mensagens de texto ou trocarão e-mails entre os encontros? Com que frequência?

- No início do relacionamento — enquanto mentor e *mentee* estão se conhecendo e formando a base do relacionamento —, o envolvimento deverá ser mais frequente.

- Há uma diferença entre mentoring e coaching. O coaching está voltado para questões de curto prazo relacionadas a tarefas. O mentoring, por sua vez, se concentra em metas de visão mais amplas, de longo prazo.

COMECE A AGIR

Envolvimento

Combinem maneiras de se envolver que funcionem, levando em conta a personalidade e a agenda de ambos.

Tempo para introspecção

No final da tarde da segunda-feira seguinte, Josh estava na estrada, voltando para casa depois do trabalho, com a mente vazia, ouvindo o programa habitual de entrevistas ao vivo no rádio. De repente, lembrou-se do conselho de Diane a respeito de usar as horas fora do trabalho para uma introspecção. Então, desligou o rádio e se esforçou para aquietar a mente.

Alguns quilômetros depois, ele reparou na propaganda de um outdoor sobre uma universidade on-line. Ao se aproximar, viu que a instituição oferecia um mestrado em Relações Públicas e Comunicação. Seus pensamentos se voltaram para uma época feliz de sua vida, quando trabalhou no jornal da faculdade, entrevistando pessoas e escrevendo artigos.

— Espere um instante! — exclamou ele em voz alta. — Esse poderia ser um caminho a seguir!

Um mestrado em comunicação o estimulava muito mais do que a ideia de fazer um MBA, como seu irmão sugerira. Como era um programa on-line, ele também poderia continuar no emprego enquanto estudava.

Assim que chegou em casa, ele enviou um e-mail.

Olá, Diane,

Mal posso esperar para lhe contar o que aconteceu quando eu estava voltando para casa hoje. Acho que talvez tenha topado com uma coisa importante. Bem que você falou sobre o poder da introspecção!

Será que você teria algum tempo, em breve, para que possamos nos encontrar ou falar pelo telefone?

Um abraço,

Josh

*

O avião de Diane pousou no aeroporto Heathrow e taxiou para o portão. Ela ligou o telefone para verificar seu e-mail e ficou feliz ao ver uma nova mensagem de Josh, que parecia estar seguindo seu conselho de se manter mais regularmente em contato. Depois de ler o e-mail, ela redigiu uma breve resposta:

Caro Josh,

Meu avião acaba de aterrissar em Londres, onde vou participar de uma reunião de emergência do Conselho. Ainda não tenho todos os detalhes, mas o plano inicial é que eu fique aqui até sexta-feira. Decididamente, parece que vai ser uma semana frenética. Posso conseguir um tempo para conversarmos se for urgente, mas, se o assunto puder esperar até a semana que vem, eu preferiria que nos encontrássemos pessoalmente para almoçar no Bayside Grill, na segunda-feira.

Diane

Josh respondeu imediatamente:

Sem problemas. Parece que nós dois temos notícias a compartilhar! Podemos nos ver na segunda.

*

Diane se sentou a uma grande mesa oval com os seis membros do Conselho da Quest Media — inclusive o presidente da empresa. Além dela, vários outros líderes importantes da companhia estavam presentes, entre eles os vice-presidentes de Finanças, Operações e Marketing.

Em seus 35 anos no setor, era a primeira vez que participava de uma reunião de emergência do Conselho. Estava nervosa e curiosa, ao mesmo tempo.

O presidente do Conselho, Isaac Rosenthal, deu início as atividades.

— Convidamos todos vocês para esta reunião fora da sede da empresa porque temos algumas preocupações no que diz respeito ao desempenho da Quest Media. Queríamos falar com o maior número possível de membros-chave da companhia para obter sua opinião.

No decorrer da hora seguinte, eles discutiram o fato de que, embora as receitas estivessem elevadas, as despesas estavam aumentando mais rápido do que a margem de lucro total. Como essa tendência era insustentável, o Conselho queria ouvir as ideias da equipe de altos executivos.

Depois de outra hora de discussão, o presidente Rosenthal disse:

— Geramos algumas boas ideias aqui. No próximo trimestre, creio que todos precisamos recuar um pouco, examinar o que está acontecendo e voltar com um plano de recuperação.

Então, ele olhou para Diane e disse:

— Acredito plenamente que a equação produção menos vendas é igual a sucata. Na condição de vice-presidente de vendas, você sabe disso melhor do que ninguém, Diane. Sempre admirei sua criatividade e ética no trabalho. Como é você que está há mais tempo na empresa e provavelmente sabe mais a respeito dos negócios do que qualquer outra pessoa, eu gostaria que você considerasse a possibilidade de presidir esse grupo de planejamento da recuperação.

Diane anuiu com a cabeça, mas, por dentro, pensou: "Por que sempre eu?"

*

De volta ao hotel naquela noite, Diane retirou o diário de mentoring da pasta. Ela precisava escrever a respeito de seus sentimentos confusos naquele momento. Por um lado, sentia-se lisonjeada por Isaac tê-la escolhido para desempenhar um papel de liderança. Por outro, esse seria mais um compromisso de longo prazo que lhe consumiria muito tempo.

O caderno se abriu na página em que ela escrevera sua missão de mentoring para ajudar Josh a "recuperar a clareza e a paixão pelo seu trabalho". Ela teve de sorrir, porque estava claramente na mesma missão.

Diane decidiu seguir seu próprio conselho e dedicar o resto da noite à introspecção.

IDEIAS DE UM MINUTO

Pare, reflita e aprenda

- Dedicar algum tempo à introspecção é essencial tanto para *mentees* como para mentores.
- Quando foi a última vez que você parou para olhar sua vida de fora e ter uma perspectiva mais abrangente?
- Escolha um período regular para pensar a respeito de onde você se encontra e onde desejaria estar.
- Escrever a respeito de questões que surjam durante a introspecção pode ajudar a esclarecê-las.

Fale sua verdade

Na segunda-feira de manhã, Diane e Josh se encontraram no Bayside Grill para almoçar.

— Estou realmente muito grato por você ter vindo me encontrar hoje, especialmente levando em consideração que acaba de voltar de uma reunião importante em Londres — declarou Josh.

— Na verdade, estava esperando, ansiosa, pelo nosso almoço. Não fiz nada além de participar de reuniões de negócios durante a semana, então é maravilhoso mudar de canal. Qual é a grande notícia que você tem para me contar? — perguntou ela.

— O que você acharia de eu fazer um mestrado em Relações Públicas e Comunicação?

— De onde veio essa ideia? –– indagou Diane.

— Você pode não acreditar, mas eu vi o anúncio do mestrado em um outdoor quando estava na estrada, voltando para casa. Eu tinha acabado de desligar o rádio para fazer um pouco da introspecção que você recomendou, e lá estava ele.

— Lembro-me de você ter dito que gostou muito do trabalho que fez no jornal da sua faculdade.

— Sim, realmente gostei — disse Josh. — O que me deixa empolgado é o fato de ser um programa on-line, de modo que posso me dedicar ao mestrado e continuar a trabalhar. Além disso, o custo é bem razoável. E quem sabe onde isso vai dar? Talvez um dia eu me torne o diretor de Comunicação da JoySoft.

— Acho a ideia excelente — declarou Diane. — Embora nenhuma empresa possa sobreviver sem o setor de vendas, as áreas de comunicação e relações públicas são fundamentais para qualquer negócio.

— Eu estava esperando que você dissesse algo assim — disse Josh.

— Pensando bem, você gostaria de conversar com o chefe do nosso departamento de relações públicas para aprender mais a respeito da área?

— Isso seria excelente!

— Sugiro que você tenha uma conversa com sua chefe para dizer a ela o que está pensando em fazer. Pelo que você me disse, tive a impressão de que ela quer ajudá-lo a se desenvolver, permanecendo no setor de vendas ou buscando outra posição dentro da empresa. Assim, tudo indica que ela apoiaria sua ideia.

— Espero que sim — disse Josh. — E você? Como foi a viagem a Londres?

— Muita coisa está acontecendo. Para ser sincera, estou um pouco esgotada. Pediram que eu liderasse uma grande comissão para ajudar a recuperar nossa empresa.

— E você aceitou? — perguntou Josh.

— Não, ainda não. Em vez disso, segui meu próprio conselho.

— E que conselho é esse?

— O conselho que lhe dei a respeito de parar um pouco para pensar e olhar as coisas em um contexto mais amplo. Assumir responsabilidades e fazer tudo têm sido a minha maneira de agir há décadas. Dessa vez, eu me refreei e não disse que sim automaticamente, como teria feito no passado. Estou passando algum tempo considerando todas as opções.

— Então, afinal de contas, o mentoring é de fato bidirecional — comentou Josh.

— Sem dúvida.

— Você sugeriu que eu tivesse uma conversa com a minha chefe e contasse a verdade a ela a respeito do meu mestrado. Desculpe-me se não for da minha conta, mas você também não deveria mencionar ao seu grupo o que está pensando?

— Eu deveria — respondeu Diane, sorrindo e balançando a cabeça. — Warren tinha razão. Ao ajudá-lo a descobrir para onde você está indo, estou descobrindo meus próximos passos.

*

Josh estava muito nervoso enquanto caminhava pelo corredor em direção à sala de Eva. Mas, dessa vez, ele imaginou Diane o incentivando.

Eva estava examinando o relatório de vendas de Josh quando ele entrou.

— Parabéns pela melhora no seu desempenho — disse ela. — Como isso aconteceu?

— Segui seu conselho, engoli meu orgulho e comecei a aceitar algumas sugestões de Eric.

— Fico feliz em ouvir isso — respondeu Eva, sorrindo. — Seus melhores resultados nas vendas significam que está sentindo mais entusiasmo por seu trabalho?

— Decididamente, estou mais entusiasmado agora, com meus resultados melhorando — respondeu Josh.

— Isso é excelente — declarou Eva.

— Mas estive pensando a respeito do que você disse em minha avaliação trimestral.

— O que eu disse?

— Que eu deveria melhorar meus resultados ou redirecionar minha energia profissional, porque trabalhar com vendas não é para todo mundo.

— Prossiga.

— O que você acha de eu fazer um mestrado on-line em comunicação? — indagou Josh, pigarreando.

Eva reclinou-se na cadeira.

— Várias pessoas na JoySoft descobriram que expandir sua formação acadêmica é proveitoso. Mas isso significa que você não terá mais as noites e os fins de semana livres.

— Eu sei disso, mas creio que aprimoraria meus pontos fortes. E, quem sabe, talvez até me torne mais valioso para a empresa.

— Isso só o tempo dirá. Mas você deve a si mesmo encontrar um trabalho que o inspire. Desde que consiga manter seus resultados nas vendas enquanto estuda, sou totalmente a favor.

— Obrigado pelo apoio — declarou Josh. — Você é uma chefe e tanto, e certamente reconheço isso. Por mais difícil que tenha sido aceitar você dizer que meu desempenho estava fraco, sua orientação foi realmente muito útil para mim nessas últimas semanas. Estou gostando de aprender com Eric.

— Devo dizer, Josh, que estou realmente impressionada com sua atitude hoje. Ela está tão diferente daquela que você teve durante a nossa conversa, dois meses atrás. Sinceramente, eu estava preocupada com você. Estou feliz por você ter conseguido melhorar as coisas.

*

Diane respirou fundo, pegou o telefone e ligou para Isaac Rosenthal, presidente do Conselho da Quest Media. Depois de uma breve conversa inicial, ela foi direto ao ponto.

— Estive pensando a respeito de nossa reunião em Londres e na recuperação que estivemos discutindo.

Isaac deixou escapar uma gargalhada sem graça.

— Não penso simplesmente a respeito da recuperação; perco o sono por causa dela. Quais são as suas ideias?

— Agradeço sua sugestão para que eu lidere a comissão de recuperação, mas não tenho certeza se estou pronta para isso agora.

— O que você quer dizer com isso?

— Francamente, acho que é uma responsabilidade maior do que estou disposta a assumir neste momento.

Isaac fez uma pausa antes de responder:

— Estou desapontado, mas aprecio sua franqueza. Você não está pensando em se aposentar, está?

— Não completamente.

— Quais são os seus planos?

— É isso que estou tentando descobrir. Mas sei que o papel que você traçou para mim não é o que eu quero desempenhar. Acho que Larry Zuniga, com sua mentalidade voltada a operações, poderia ser perfeito para a função. Nós tivemos algumas conversas excelentes em Londres.

— Larry? — Isaac pareceu intrigado. — É uma ideia interessante, Diane. Vou pensar a respeito.

IDEIAS DE UM MINUTO

Pare, reflita e aprenda

- Na condição de mentor, incentive seu *mentee* a dizer a verdade a respeito de onde ele se encontra e o que quer. Ao mesmo tempo, diga a verdade sobre onde você está e o que quer.

- Na condição de *mentee*, você também tem comentários a fazer. Não caia na armadilha de sempre deixar que seu mentor assuma o controle nas conversas.

- Às vezes, ao fazer uma simples pergunta, um *mentee* pode fazer uma diferença positiva na vida de um mentor.

Aprendendo a fazer networking

Josh entreabriu a porta da sala de Eric e perguntou:

— Tem um minuto?

Eric, que estava prestes a dar outro telefonema, colocou o aparelho no gancho.

— Claro. Sente-se.

Josh se sentou na cadeira sem braço perto da mesa do colega. Citações motivacionais emolduradas — ao lado do famoso calendário de Eric — preenchiam as paredes da sala.

— Vejo que você continua a marcar seus Xs em vermelho — comentou Josh.

— Sim.

— Na verdade, agora também tenho um calendário assim — acrescentou Josh. — E é bastante útil.

— Eu estava certo, viu? É algo a respeito da gratificação visual instantânea. E notei que seus resultados melhoraram. Parece que sua magia voltou.

— Graças ao seu coaching — disse Josh. — Pedi indicações e fui atrás delas. Fiz visitas de surpresa. Restabeleci o contato com clientes que não compravam conosco havia algum tempo e vendi mais nos contratos em curso.

— Excelente! — disse Eric.

— Tudo isso fez com que meus resultados melhorassem. Mas atingi um novo patamar. Não fechei uma venda nova a semana inteira. Eu estava me perguntando se você teria alguma outra ideia.

— Só tenho três — respondeu Eric.

— Ótimo. Quais são?

— Um cliente em potencial, um cliente em potencial, um cliente em potencial, nessa ordem.

Josh não ficou muito entusiasmado com a resposta de Eric e, aparentemente, sua expressão demonstrou isso.

— Você acha que existe uma solução mágica? — perguntou Eric. — Infelizmente, não. Apenas trabalho árduo. Todo mundo que você encontra é um cliente em potencial, cara. O motorista do Uber. Sua tia Margaret. O gerente da loja de produtos eletrônicos.

Josh ficou intrigado com a generalização radical de Eric e perguntou, um pouco hesitante:

— Todo mundo?

— Todo mundo — declarou Eric, com firmeza.

*

O encontro seguinte de Josh e Diane aconteceu no Parque Griffith. Eles haviam combinado de usar bermuda e tênis.

— Obrigada por concordar em fazer duas coisas ao mesmo tempo — comentou Diane. — Este é o único exercício que vou conseguir inserir no meu dia hoje. Espero que você não se importe se caminharmos em passo acelerado.

— De jeito nenhum — afirmou Josh. — De acordo com um artigo que li, encontros durante uma caminhada aumentam a criatividade. Minha chefe, Eva, é completamente a favor deles.

— Por falar em Eva, você teve a chance de contar a ela sua ideia de fazer mestrado?

— Tive. Ela me apoiou e disse que, desde que eu atinja os resultados esperados, o que faço nas minhas horas de folga é problema meu.

— Essa é uma excelente notícia! — exclamou Diane com entusiasmo.

— E você? — perguntou Josh. — Ainda está se sentindo cansada? Conversou com o presidente do conselho?

— Um pouco. E sim, falei com ele — respondeu Diane. — O trabalho anda intenso, mas pelo menos não tenho viajado nas últimas semanas. E admiti que não tenho vontade de liderar a equipe de recuperação.

— Como foi a conversa?

— Mais ou menos, especialmente porque segui um bom conselho que recebi de Warren. Ele me disse o seguinte: "Diane, se oferecer uma alternativa em vez de apenas recusar diretamente uma ideia, você se dará bem na vida." Até agora, constatei que isso é verdade — acrescentou Diane.

— Qual foi sua ideia alternativa? — perguntou Josh.

— Minha alternativa é uma pessoa. Larry Zuniga. Ele é vice-presidente de operações na Quest Media há oito anos. É uma pessoa dinâmica e empreendedora, e tem algumas ideias novas e excelentes que eu acho que realmente poderão ajudar a empresa neste momento.

A conversa foi diminuindo à medida que a trilha foi se tornando mais íngreme. Lá de cima, eles descortinavam a cidade de Los Angeles, que se estendia a perder de vista.

Quando chegaram ao topo, Diane comentou:

— Cultivar relacionamentos produtivos é uma importante chave para o sucesso. Lembra quando perguntei se você gostaria de conversar com o chefe do nosso departamento corporativo de relações públicas?

— Claro — respondeu Josh.

Cultivar relacionamentos produtivos é uma importante chave para o sucesso.

— Mencionei a ele seu interesse por escrita e comunicação, e ele disse que seria um prazer bater um papo com você. Ele é um homem inspirador — acrescentou, enquanto pegava um cartão de visitas na pochete que trazia na cintura. — Ele me deu isso e pediu que eu lhe dissesse para ligar para ele.

Josh pegou o cartão e deu uma olhada no nome:

DOUG SHARF
Diretor de comunicação, Quest Media

✻

Josh chegou cedo para o encontro com Doug. Sentado na pequena sala da recepção do lado de fora, ele refletiu sobre o que pretendia falar. As entrevistas informativas a respeito de uma carreira em particular, como ele bem sabia, eram na verdade uma busca de fatos — entender o que uma pessoa faz, por que o faz e depois tentar descobrir se aquele tipo de trabalho é adequado para você.

Doug recebeu Josh calorosamente e o conduziu para dentro da sala.

Enquanto afundava em uma poltrona, deu uma olhada na sala. Fotografias emolduradas da bela costa da Califórnia enfeitavam as paredes. Sentindo-se imediatamente à vontade, ele logo começou a falar.

— Obrigado por me receber hoje, Doug. Sou realmente grato a Diane por ter nos colocado em contato. Mal posso esperar para descobrir o que você faz e como veio trabalhar aqui. Como Diane talvez tenha lhe contado, sou apaixonado por escrever e por comunicação, mas não trabalho nessa área. Estou ansioso para aprender com pessoas bem-sucedidas que foram capazes de fazer carreira a partir de sua paixão. Considerando o que Diane me disse, você é uma dessas pessoas.

— Esse é um grande elogio, Josh, e não estou seguro de que eu esteja à altura dele. Mas certamente vou tentar atender ao seu pedido.

Nos vinte minutos seguintes, Doug descreveu sua infância e sua adolescência em uma pequena cidade do Texas e, depois, sua decisão de estudar na UCLA, a Universidade da Califórnia, em Los Angeles.

— Por que a UCLA? — perguntou Josh.

— Eu era da equipe de natação no ensino médio. Sempre quis praticar surfe e ouvi a Califórnia me chamando. Na UCLA, quando eu não estava estudando ou surfando, estava escrevendo para o jornal da faculdade.

— Também escrevi para o jornal da minha faculdade — declarou Josh, com entusiasmo. — Foi lá que descobri que adorava escrever.

— Consigo me identificar com isso — disse Doug. — Foi aquele desejo incessante de escrever, aliado ao amor pelos negócios, que me fez conseguir meu primeiro emprego no departamento de publicidade de uma pequena editora.

— Como você foi veio parar na Quest? — perguntou Josh.

— Um dos altos executivos da empresa era meu colega do surfe. Quando surgiu uma vaga no departamento de comunicação há cerca de 15 anos, ele sugeriu que eu me candidatasse. Este é um lugar estimulante. Fazemos um trabalho criativo de vanguarda, e nossa equipe é incrivelmente talentosa. Adorei meu emprego desde o dia em que comecei e tive a sorte de ser promovido ao cargo de diretor há alguns anos.

— Quais são as suas atribuições do dia a dia? — indagou Josh.

Doug passou mais 15 minutos descrevendo, em detalhes, o trabalho que fazia.

— Soa como o emprego dos sonhos — comentou Josh.

— E é! — confirmou Doug. — A melhor parte é que durante todo esse tempo fui capaz de levar adiante meu amor pelo surfe. Não há nada como pegar uma onda e sentir o poder do oceano quando voamos em direção à praia.

— Quando ouço você falar a respeito de surfar, Doug, consigo sentir sua paixão. O estranho é que, quando você fala a respeito da sua carreira, sinto a mesma coisa. Você tem ideia da sorte que tem?

— Pode apostar que sim. Eu me sinto grato todos os dias — declarou Doug.

— A maneira como você criou a vida que ama em torno do trabalho e do surfe é inspiradora. E se o que Diane disse é verdade, seu entusiasmo tem um efeito positivo em todos por aqui. Aposto que, quando você era menino, em uma pequena cidade do Texas, nunca sonhou que um dia pisaria no campus da UCLA e construiria uma vida em torno de seus sonhos.

— Nossa, como você está certo! Nunca tinha pensado dessa maneira. Você é realmente muito bom com a comunicação. Sua capacidade de ouvir e contar a história da minha própria vida faz com que até eu mesmo me sinta inspirado!

Doug se levantou, estendeu a mão e disse:

— Foi realmente um prazer conhecê-lo.

— Obrigado — replicou Josh.

De repente, ele se lembrou de um dos ditados motivacionais na parede de Eric: "Esteja sempre fechando uma venda." Talvez essa fosse uma oportunidade de venda. Ele conseguia ouvir a voz de Eric em sua cabeça, lembrando a ele que todo mundo era um cliente em potencial.

Todo mundo?

"Todo mundo."

— Então, Doug, você está satisfeito com o seu atual sistema de software? Tenho vários clientes na mídia que usam nosso produto, o JoySoft, e eles estão constatando que o sistema realmente os ajuda a otimizar o trabalho do departamento deles.

Doug pareceu mortificado:

— Isso é uma apresentação de vendas?

De repente, Josh compreendeu o seu erro.

— Sinto muito, ossos do ofício — declarou Josh. — No meu emprego atual, esperam que eu olhe para todo mundo como um cliente em potencial.

Doug fechou a cara e disse:

— Compreendo seu entusiasmo, mas este encontro não teve esse propósito.

— Não, entendo perfeitamente — retrucou Josh. — Por favor, desculpe minha gafe. Você foi mais do que gentil ao me receber hoje, e extraí muitas coisas boas da sua história. Realmente sinto muito.

— Desculpas aceitas — declarou Doug. — Não se preocupe com isso.

Mas Josh ficou preocupado.

Ideias de um minuto

Pare, reflita e aprenda

- Na condição de mentor, uma das melhores coisas que você pode compartilhar com seu *mentee* é sua rede de contatos. Pense nas pessoas que poderão ser capazes de apoiar seu *mentee* e ajudá-lo a ficar bem-informado.

- *Mentees*, não se esqueçam de que vocês também têm uma rede de contatos! Pensem sempre em pessoas que podem ser contatos importantes para seu mentor e não tenham receio de se oferecer para fazer apresentações.

- Vá com calma nas redes de contatos dos outros. Nunca use ou abuse dos contatos feitos para você. Mostre-se cortês e atencioso com todos os envolvidos.

*

COMECE A AGIR

Networking

Aumente seu networking com os contatos do seu mentor ou mentee.

*

Desenvolvendo confiança

Josh telefonou para Diane logo após seu encontro com Doug. Quando a ligação caiu diretamente na caixa postal, ele enviou uma mensagem de texto:

> Obrigado por me apresentar a Doug Sharf. Preciso lhe contar as novidades. É importante. Você pode arranjar um tempo para nos encontrarmos?

Eles combinaram de tomar um café juntos no dia seguinte.

*

— Você disse que era importante — comentou Diane enquanto ela e Josh entravam na cafeteria. — O que está havendo?

— Você confiou em mim, me recomendou a um de seus colegas e eu estraguei tudo.

— O que aconteceu?

— Doug foi maravilhoso, e a história dele é realmente inspiradora. Tudo correu bem até o final do nosso encontro. Eu não parava de ouvir a voz de Eric na minha cabeça me dizendo para "estar sempre em busca de fechar uma venda" e que todo mundo é um cliente em potencial. Quase instintivamente, eu me vi praticamente tentando vender para ele um software. Sinto muito, Diane. A última coisa que eu queria fazer era aborrecê-lo.

— Obrigada por me contar isso, mas Doug já me telefonou.

Josh deixou cair os ombros e exclamou:

— Ah, meu Deus!

— Você quer saber o que ele disse?

— Já faço uma boa ideia, mas vá em frente.

— Ele falou muito a respeito da excelente conversa que teve com você, de como pareceu ser um jovem talentoso e de como suas perguntas ponderadas o fizeram refletir sobre um importante período da vida dele.

— Mesmo?

— Sim. Ele me disse que, quando você estava de saída, quase tentou vender um software a ele. Mas disse também que você se desculpou imediatamente e até mesmo enviou uma bonita mensagem para ele.

Josh deixou escapar um suspiro de alívio:

— Ainda assim, não vou culpá-la se sua confiança em mim estiver abalada e você decidir não me fornecer outros contatos tão cedo.

— Pelo contrário, confio ainda mais em você depois disso — declarou Diane com toda a naturalidade.

— Como assim?

— Todos nós cometemos erros. Mas a maneira como uma pessoa lida com esses erros é que a torna confiável ou não. Você lidou com o ocorrido admitindo prontamente seu erro e se desculpando. Tanto para Doug como para mim.

— Mesmo assim, eu gostaria de não ter cometido o erro.

Diane sorriu e disse:

> **Todos nós cometemos erros. Mas a maneira como uma pessoa lida com esses erros é que a torna confiável ou não.**

— Seja bem-vindo à espécie humana. Agora, fale sobre seu fim de semana. Como estão indo as coisas?

— Está indo tudo bem. Tive minha primeira aula de mestrado on-line, então estudei quase o sábado inteiro. Mas no domingo consegui tempo para andar de bicicleta com o Ricky.

— Ricky, seu "irmão mais novo" no programa Big Brothers Big Sisters?

— Exatamente. Por falar nisso, ouvi um boato de que Linda está deixando a organização. Você sabe alguma coisa sobre isso?

— Não — respondeu Diane.

— Espero que não seja verdade, porque todos nós sentiríamos muita falta dela. Ela é a melhor.

— Mark e eu vamos à festa anual de arrecadação de recursos nesta sexta. Vou perguntar. Você vai estar lá?

John balançou a cabeça:

— Não posso, preciso estudar. Mas diga a Linda que mandei lembranças.

IDEIAS DE UM MINUTO

Pare, reflita e aprenda

- A sinceridade em um relacionamento de mentoring desenvolve a confiança.

- Os relacionamentos de mentoring não acontecem sem desafios. Quando surgirem, desenvolva a confiança mantendo as linhas de comunicação abertas.

- Erros acontecem; é a maneira como você lida com eles que desenvolve a confiança. Admita sua participação em qualquer erro que venha a cometer e peça desculpas, se isso for apropriado.

COMECE A AGIR

Confiança

Desenvolva e mantenha a confiança com seu parceiro de mentoring dizendo a verdade, permanecendo em contato e se mostrando confiável.

A maneira certa de fazer networking

Era final de tarde na sexta-feira e o sol estava começando a se pôr quando Diane olhava pela janela de sua sala.

— Um tostão pelos seus pensamentos.

Ela se virou e viu o marido, Mark, de pé na porta.

— Meus pensamentos? Eu estava apenas lembrando a primeira vez que contemplei esta vista e como ela me fez sentir feliz.

— Você não se sente mais feliz? — perguntou Mark.

— Ainda me sinto feliz, mas por coisas diferentes, como você e as nossas netas.

— Isso significa que você está perto de pendurar as chuteiras aqui na Quest?

Diane se levantou e começou a juntar suas coisas.

— Não sei. Nestes poucos dias depois que Larry Zuniga passou a dirigir nossa equipe de recuperação, tenho me sentido mais leve do que nunca. É interessante. A atitude de desistir do poder... Ou será de desistir da responsabilidade? Isso produz uma sensação surpreendentemente maravilhosa.

Mark se aproximou e ajudou Diane a vestir o casaco.

— Isso é bom, certo?

— Suponho que sim. Mas a que estou me agarrando? Quero dizer, além de você. O que faço agora?

Mark olhou para seu relógio e disse:

— A longo prazo, não sei, mas neste momento sugiro que você desça até o andar térreo, entre no carro e me acompanhe à festa anual de arrecadação de fundos de Linda. Já estamos atrasados.

*

Diane e Mark chegaram ao Hilton a tempo suficiente apenas de se acomodar na mesa que lhes fora reservada e cumprimentar o casal que jantaria com eles, antes de o programa começar. Foi nesse momento que Linda Partridge subiu à tribuna, saudou calorosamente o público e agradeceu a todos pela presença.

— Aqueles que não estão familiarizados com a nossa organização têm uma bela surpresa reservada esta noite — declarou Linda. — Durante mais de cem anos, a Big Brothers Big Sisters vem operando com a convicção de que todas as crianças são intrinsecamente capazes de ter sucesso e prosperar na vida.

"Estou completamente de acordo", pensou Diane.

— Como a maior rede de mentoring sustentada por doadores e voluntários, a Big Brothers Big Sisters forma parcerias significativas monitoradas entre voluntários adultos. Nós os chamamos de "Irmãos mais velhos." E jovens com idades entre 6 e 18 anos, que chamamos de "Irmãos mais novos", em comunidades de todo o país.

Como vocês ouvirão mais tarde em nosso programa, desenvolvemos relacionamentos positivos que produzem efeito direto e duradouro na vida desses jovens.

De repente, Linda obteve toda a atenção de Diane. Embora o foco fosse diferente, de alguma maneira o trabalho da Big Brothers Big Sisters era semelhante ao mentoring que ela vinha realizando com Josh. Ela passou, então, a escutar com renovado interesse.

— Esta noite vamos ouvir as palavras de uma dessas duplas, composta por uma "irmã mais velha" e uma "irmã mais nova", cujo relacionamento de mentoring mudou a vida de ambas para melhor.

Linda apresentou Fran, uma mulher de meia-idade, e Toni, sua "irmã" adolescente.

Com uma aparência bastante adulta, em um vestido na altura do joelho e um toque de batom, a adolescente se encaminhou para o microfone.

— Quando eu tinha 2 anos, meu pai abandonou nossa família — começou Toni. — Na sexta série, eu já estava andando com os meninos da gangue. Eles eram os caras com quem eu cresci; essa era a vida que eu conhecia. Fui expulsa da escola na sétima série por usar drogas. Eu era mal-humorada, vivia zangada com tudo e com todos. Eu me odiava. — Sua voz titubeou.

Fran, a "irmã" de Toni, se adiantou e pôs o braço em volta da menina.

Toni pigarreou e prosseguiu.

— Foi então que conheci a Fran — disse a menina, virando-se e sorrindo rapidamente para sua mentora. —

Ela fez com que eu me sentisse bem em relação a mim mesma. Ela realmente me escutava. Quando eu tinha vontade de fazer alguma coisa, a Fran me ajudava a fazer acontecer. No ano passado, eu me formei no ensino médio com distinção e, em agosto, me graduei como soldado-raso no programa de verão dos Young Marines.

O público irrompeu em aplausos.

Os comentários de Fran, a "irmã mais velha" de Toni, foram breves.

— Eu tinha mais ou menos a idade de Toni quando meu pai morreu, de modo que sei como é ser uma adolescente sem pai. Tudo o que posso dizer é que minha vida está infinitamente melhor desde que Toni entrou nela. Ela me ensinou a dar valor ao que tenho e a enxergar o mundo com novos olhos, todos os dias. No que me diz respeito, seremos amigas para a vida toda.

Para a surpresa de Diane, seus olhos se encheram de lágrimas. O relacionamento de mentoring de Fran e Toni era bem mais pessoal do que o que ela mantinha com Josh, e isso a sensibilizou em um nível profundo.

Quando o programa formal terminou, Linda voltou à tribuna.

— Como alguns de vocês já sabem, este será meu último evento como presidente do programa. Depois de cinco anos maravilhosos, cheguei à conclusão de que está hora de deixar o cargo. Não consigo descrever como me sinto honrada por fazer parte desta organização. Obrigada a todos pelo apoio, que eu espero que permaneça depois da minha saída.

"Então o rumor é verdadeiro", pensou Diane.

Ela e Mark se juntaram ao público presente em mais uma rodada de estrondosos aplausos. Linda deixou o palco, e a conversa tomou conta do salão enquanto o jantar era servido.

Depois, quando a sobremesa e o café estavam sendo servidos, Diane foi até a mesa de Linda. Elas se abraçaram, e Linda insistiu para que Diane se sentasse para conversar um pouco.

— Já encontraram seu substituto? — perguntou Diane.

— Ela é insubstituível! — exclamou um dos parceiros de mesa de Linda. — Ela vai deixar um buraco tão grande nesta organização que até um tanque vai poder passar por ele.

— Ninguém é insubstituível — retrucou Linda. — E, por mais que eu ame o que faço aqui, estou pronta para uma mudança.

— Entendo perfeitamente o que você quer dizer — afirmou Diane.

Mais tarde, Linda a puxou a um canto e disse:

— Diane, estive pensando desde a última vez que almoçamos juntas. Se você está realmente cogitando uma mudança, deve pensar a respeito de assumir minha função. Temos apenas um substituto temporário. O conselho ficaria entusiasmadíssimo por ter na direção alguém com seu talento e sua experiência. E eu acho que essa seria uma maneira incrível de você se aposentar, mas não se ausentar. De se deslocar do sucesso para o significado, por assim dizer.

Diane foi pega de surpresa. Nunca lhe ocorrera ajudar a dirigir uma organização sem fins lucrativos. Mas essa seria uma excelente forma de poder retribuir de alguma maneira e desfrutar de realização emocional! Afinal de contas, naquela noite, ela tivera de retocar o rímel após a apresentação de Toni e Fran.

— É verdade que ainda não estou pronta para me aposentar. Mas, sinceramente, não sei o que dizer.

— Então não diga nada — sugeriu Linda. — Apenas pense a respeito.

Naquela noite, no carro, a caminho de casa, Diane contou a Mark a conversa que tivera com Linda.

— Presidente da divisão local da Big Brothers Big Sisters? É uma ideia interessante — comentou ele. — Se isso puder tirá-la da roda-viva e, ao mesmo tempo, lhe proporcionar realização, eu a aconselho a seguir em frente!

Ideias de um minuto

Pare, reflita e aprenda

- Cultive e alimente os relacionamentos importantes em sua rede de contatos.
- Seu relacionamento de mentoring lhe apresentará novas perspectivas e ideias.
- Seja você um mentor ou um *mentee*, permaneça atento e aberto às novas oportunidades que surgem por intermédio de sua experiência de mentoring.

Compartilhando oportunidades

Seis meses depois, Diane teve a oportunidade de compartilhar o que aprendera a respeito de mentoring com um grande público. Ela estava sentada diante de um microfone, na minúscula sala de som da KBLX, sucursal local de uma rede de rádio nacional. Sentada do outro lado do console, estava a apresentadora do programa, Brandy Aston.

Brandy sorriu para Diane e leu o seguinte no microfone:

— De Platão a Aristóteles, Mahatma Gandhi e Martin Luther King; a Benjamin Graham e Warren Buffet, os relacionamentos de mentoring têm empoderado as pessoas por milhares de anos. Bem-vindos. Sou Brandy Aston e hoje vou conversar com Diane Bertman, presidente da divisão de Los Angeles da Big Brothers Big Sisters, para descobrir o que é o mentoring, por que está se tornando cada vez mais popular e o que ele pode fazer por vocês. Boa tarde, Diane.

— Boa tarde — disse ela.

— Então, por que alguém deve ser um mentor? — perguntou Brandy.

— Bem, Brandy, os motivos são muitos. Em primeiro lugar, as habilidades de liderança que você aprende como mentor podem torná-lo mais valioso para seu empregador. As pesquisas respaldam o que eu acabo de afirmar. Um estudo recente mostra que os gerentes que também atuam como mentores são promovidos com uma frequência seis vezes maior do que aqueles que não são.

— Estou certa de que o mentoring foi útil em minha carreira — declarou Brandy. — E na sua? Você se tornou uma das principais profissionais de vendas em um dos maiores conglomerados de mídia do país. Que papel o mentoring representou em sua carreira?

— Desde cedo, tive a sorte de contar com um mentor maravilhoso, Warren Riggs. Ele me ensinou a criar uma missão para minha carreira. Também me mostrou como me conectar com as pessoas e estabelecer relacionamentos produtivos com elas.

As habilidades de liderança que você aprende como mentor podem torná-lo mais valioso para seu empregador.

— Isso parece perfeito.

— Eu tive sorte. Também tenho o privilégio de atuar como mentora de um jovem em início de carreira, o que também está tendo um impacto positivo na minha vida.

— Como assim?

— Enquanto eu o ajudava a encontrar sua vocação, reencontrei a minha.

— Isso é maravilhoso! — exclamou Brandy. — Fale-me mais a respeito dele.

— Quando nos conhecemos, ele estava passando por dificuldades em seu emprego como representante de vendas. Hoje, sente-se motivado no trabalho e está fazendo mestrado. Ele está trabalhando para descobrir e desenvolver seus pontos fortes.

— Parece que sua orientação como mentora teve forte impacto sobre ele.

— Uma vez que a pessoa toma a decisão de ter um mentor, torna-se um parceiro na liberação do próprio potencial. Seja o mentoring de novos funcionários, o mentoring entre pares ou o mentoring entre um adulto e um adolescente, existem milhares de estudos de caso que demonstram claramente o poder do relacionamento entre mentor e *mentee*.

— Você deve ter um sentimento genuíno de satisfação pelo fato de seu mentoring ter feito diferença na vida de alguém.

Milhares de estudos de caso demonstram claramente o poder do relacionamento entre mentor e *mentee*.

— De fato, eu tenho, porém, o mais espantoso é a maneira como meu *mentee* contribuiu para minha vida. Josh e eu nos conhecemos por intermédio de uma amiga em comum, Linda Partridge, que exerci minha função atual na divisão de Los Angeles da Big Brothers Big Sisters. Josh já é um "irmão mais velho" há vários anos, e seu conhecimento sobre a organização se revelou muito útil para mim quando passei a ocupar o antigo cargo de Linda.

— Então, os benefícios do mentoring podem ocorrer nos dois sentidos, ou através das gerações, como você disse.

— Com certeza — concordou Diane.

— Ok, digamos, então, que eu queira ser uma mentora. Como devo começar?

— Isso depende do tipo de mentoring em que você esteja interessada. Se quiser fazer diferença na vida de uma pessoa jovem, telefonar para uma organização como a Big Brothers Big Sisters é um excelente começo. Se você estiver interessada em mentoring profissional, muitas corporações têm, ou estão desenvolvendo, programas formais de relacionamento de mentoring. Se a sua empresa ainda não tem um programa formal, você pode iniciar um.

— Como? — perguntou a apresentadora.

— A melhor maneira de começar é procurando o responsável pelo departamento de RH, que provavelmente apoiará a ideia e conduzirá boa parte da organização e das pesquisas preliminares. Em resumo, o processo envolve encontrar funcionários que estejam interessados em uma parceria de mentoring e depois formar as duplas. Também é importante fornecer diretrizes básicas a respeito do que funciona — e do que não funciona. Por último, é proveitoso oferecer um sistema de verificação para garantir que as parcerias de mentoring funcionem bem.

— E se eu sentir que não tenho aptidão ou o treinamento necessário para ser mentora?

— Para ser mentora de jovens, você não precisa de treinamento formal. Tudo o que importa é ter um coração generoso e reservar algum tempo para a pessoa. E, para ser mentora de colegas profissionais, basta estar disposta a dedicar a isso, de vez em quando, algum tempo do seu trabalho. Você ficará surpresa com quanto já sabe e com quanto vai aprender ao ser mentora de outras pessoas.

Nos vinte minutos seguintes, Diane continuou a responder às perguntas de Brandy, abordando uma gama completa de assuntos: a importância de uma declaração de missão com que ambos concordem; como consolidar o relacionamento por meio do compromisso; as maneiras certas e erradas de se beneficiar da rede de contatos do mentor; a importância de desenvolver confiança; como criar e buscar oportunidades um para o outro; e como rastrear o progresso.

Parecia que elas estavam apenas começando a engrenar quando Diane ouviu, pelos fones de ouvido, a música que era a deixa para que Brandy encerrasse a entrevista.

— Estamos no final do nosso programa — disse a apresentadora —, mas quero agradecer a você, Diane Bertman, por sua presença aqui hoje. Estou certa de que suas ideias e constatações foram bastante úteis para nossos ouvintes. Agradeço também ao nosso público pela preferência. Sou Brandy Aston, sua apresentadora na KBLX Headlines. Até amanhã, e aproveitem o sol!

Brandy esperou um instante, removeu os fones de Diane e sorriu.

— Você foi ótima — disse ela.

— Obrigada, foi um prazer. Só por curiosidade, quantas pessoas escutam o seu programa?

— Não tenho certeza, mas o podcast tem cerca de meio milhão de downloads por mês.

— Podcasts? — perguntou Diane, antes de se lembrar de que sua filha, Sarah, os escutava o tempo todo quando ia fazer jogging com as gêmeas no carrinho.

— Nossos podcasts são bastante populares — garantiu Brandy. — Na realidade, esperamos expandir nossa transmissão com um segmento de negócio. Algumas novas doações que entraram este ano estão possibilitando que formemos uma equipe incrível. Estamos apenas começando.

— Você disse um segmento de negócio? — indagou Diane.

— Sim. Conselhos de negócios são geralmente o assunto mais popular em nosso programa de rádio diário.

A engrenagem no cérebro de Diane começou a girar.

Seria esse o tipo de emprego que Josh gostaria de ter um dia? Ele adorava contar histórias e também adorava entrevistar pessoas. Ela conseguia facilmente vê-lo criando conteúdo para um programa desse tipo.

— Você disse que está apenas começando. Sou mentora de um jovem talentoso que está fazendo mestrado em Relações Públicas e Comunicação. Eu sei que ele precisa preparar uma dissertação de mestrado e talvez pudesse ajudar a criar conteúdo para seus ouvintes. Você estaria disposta a conversar com ele?

— Eu adoraria — respondeu Brandy.

Ao chegar em casa, a primeira coisa que Diane pensou em fazer foi ligar para Josh, para falar sobre a conversa que tivera com Brandy. Mas já havia uma mensagem de Josh em sua caixa postal:

Diane, sua entrevista na rádio foi ótima. Eu realmente a ajudei a reencontrar sua paixão? Ligue para mim quando puder.

Diane ligou para Josh, e ele atendeu de imediato.
— Obrigada pela mensagem — disse ela. — Sim, você realmente me ajudou a reencontrar minha paixão. Depois da entrevista, a caminho de casa, fiquei refletindo sobre o fato de que nosso relacionamento *mentee*-mentora se transformou em um mentoring intergeracional. E tem sido de fato um relacionamento de ganho mútuo.
— Concordo plenamente. Sem você, eu jamais teria sobrevivido na JoySoft ou procurado o curso de mestrado.
— Por falar no seu curso de mestrado, depois da entrevista, Brandy mencionou que a KBLX vai expandir sua transmissão com um segmento de negócios. Tive a brilhante ideia de que talvez sua dissertação de mestrado pudesse se concentrar em ajudá-los a criar conteúdo para o segmento.
— Que ideia maravilhosa! Estou justamente no ponto do meu programa em que estão me pedido para identificar um tema para a dissertação.

— Tudo bem, vou organizar um encontro para que você e Brandy possam conversar, mas antes, talvez, fosse uma boa ideia contar as novidades à sua chefe.

*

— Preparado?

Josh levantou os olhos e, ao ver sua chefe, Eva, sentiu uma onda de entusiasmo. Notou também que estava se sentindo muito diferente daquela ocasião em que recebeu sua deplorável avaliação de desempenho, muitos meses antes.

— Preparado — respondeu.

Na sala de Eva, Josh a colocou a par das novidades do programa de mestrado e o foco de sua dissertação na criação de conteúdo para um novo segmento na KBLX.

— Sabe, Josh, embora você continue a manter seus resultados nas vendas, parece que seu entusiasmo com o curso de comunicação é maior do que com seu trabalho propriamente dito.

— É tão óbvio assim?

— É, sim. E andei pensando o seguinte: você gostaria de conversar com o chefe do nosso departamento de Comunicação? Nós nos reunimos recentemente, e ele está planejando expandir o departamento. Poderia ser uma excelente oportunidade para você, embora possa significar uma perda para mim.

Josh pareceu intrigado e disse:

— Obrigado.

— Consigo ver, pela sua expressão, que você está surpreso com o fato de eu recomendá-lo a outro departamento. Você precisa entender que já estou na companhia há muitos anos e, ao longo desse período, aprendi duas coisas. Primeiro, o que é bom para a empresa é bom para mim. Segundo, se não ajudarmos jovens talentosos como você a desenvolver a carreira dentro da companhia, corremos o risco de que vocês levem seu talento para outro lugar.

IDEIAS DE UM MINUTO

Pare, reflita e aprenda

- Existem muitos tipos diferentes de oportunidades de **mentoring**. Eis alguns deles:

- **Mentoring de novos funcionários:** Muitas organizações desenvolvem programas formais de mentoring para funcionários recém-contratados. O conceito é simples: forme uma dupla com um novo funcionário e um veterano e observe o novo funcionário aprender e crescer.

- **Mentoring de colega para colega em contexto empresarial:** Esses programas de mentoring formam duplas com colegas dentro da organização para que sejam mentores um do outro.

- **Mentoring intergeracional:** Envolve duas pessoas de gerações distantes, que formam uma dupla para benefício e crescimento mútuos. Com frequência, um relacionamento mentor-*mentee* se transforma em um relacionamento de mentoring intergeracional.

- **Mentoring entre adulto e adolescente:** Organizações como a Big Brothers Big Sisters formam pares de adultos com jovens para oferecer a esses últimos modelos de vida e uma orientação positiva.

- Independentemente do tipo de mentoring com que você esteja envolvido, é uma excelente ideia compartilhar sua experiência com outras pessoas, para que possam conhecer os benefícios de um programa assim.

*

COMECE A AGIR

Oportunidade

Crie oportunidades para seu mentee ou mentor crescer.

*

Avaliação e renovação

Durante o resto do ano, Josh e Diane se encontraram regularmente, embora com uma frequência um pouco menor. No aniversário de seu primeiro encontro, eles se reuniram, como de costume, no Bayside Grill.

— É difícil acreditar que já nos conhecemos há um ano — disse Josh enquanto passava os olhos pelo restaurante. — E veja quanta coisa aconteceu.

— Há séculos não tenho um ano assim tão bom — concordou Diane. — O que temos hoje em sua agenda?

— Quando começamos este relacionamento de mentoring, dissemos que, quando ele completasse um ano, faríamos uma verificação para ver onde estávamos. É isso que eu gostaria de fazer hoje.

Diane puxou um cartão de visitas da carteira e o entregou a Josh.

— Você se lembra disto?

Josh pegou o cartão, onde estavam escritas as seguintes palavras, em pequenas letras em negrito:

Declaração de missão do mentoring
Ajudar o Josh a recuperar a clareza
e a paixão pelo seu trabalho.

— Você mandou plastificá-lo? — perguntou ele, rindo.

— Certamente — respondeu Diane. — Achei que seria um bom presente de final de ano para você. Assim, ele não ficará com os cantos dobrados.

— Esta é a vantagem de ter uma versão eletrônica — comentou Josh, piscando um olho. Ele pegou o celular, abriu um aplicativo e mostrou a Diane a declaração de missão na tela. — As bordas não se desgastam.

— Tenho que concordar com você — disse Diane, rindo também.

Você nunca chegará aonde deseja se não criar uma declaração de missão — e nunca saberá se chegou se não fizer avaliações regulares.

— Então, hoje vai ser como uma avaliação anual de desempenho? — perguntou Josh.

— Mais ou menos — respondeu Diane. — Você se lembra de quando eu lhe disse que você nunca chegará aonde deseja se não criar uma declaração de missão? Bem, você nunca saberá se chegou lá se não fizer avaliações regulares. Hoje eu gostaria de ver como estamos com relação à nossa meta original.

— Faz sentido — declarou Josh.

— Então, você acha que conseguimos? Nossa parceria de mentoring o ajudou a recuperar a clareza e a paixão pelo seu trabalho?

— Sem dúvida, a resposta é sim. — Ele repetiu a palavra, mais alto dessa vez. — Sim, sim e SIM! Não apenas estou prestes a concluir meu mestrado, como também fiz a transição do departamento de vendas para o de Comunicação na JoySoft. Adoro minha nova função. Estou escrevendo muito e fazendo muito brainstorming criativo. Mal dá para sentir que estou trabalhando.

— Meus parabéns. Você está demonstrando algo que venho dizendo há um longo tempo: se você ama o que faz, não terá de trabalhar um único dia na sua vida.

— Diane, realmente quero agradecer a você. Fazer o trabalho que eu amo foi um dos melhores resultados de nosso relacionamento de mentoring.

— Isso me faz sentir muito bem. O que eu não esperava, embora Warren tivesse me avisado que isso iria acontecer, era que a nossa parceria também me modificaria.

— De uma boa maneira, espero — comentou Josh.

— Sem sombra de dúvida. Em vez de pedir demissão da Quest e ficar imensamente entediada, sinto novamente paixão pela minha carreira. Ser presidente de uma divisão da Big Brothers Big Sisters confere um novo significado ao meu trabalho e me dá tempo para fazer coisas importantes, como conviver com as minhas netas.

— Isso é ótimo — declarou Josh. — Estou contente por não ter sido o único a ser beneficiado pelo tempo que passamos juntos.

— Mas pense em tudo o que você fez — disse Diane. — Você deixou de ser um profissional de vendas medíocre com avaliações de desempenho irregulares e passou a ter um desempenho confiável em sua equipe. E, nesse processo, obteve clareza a respeito de como deseja conduzir sua carreira e agora está caminhando a todo vapor.

— É verdade — concordou Josh. — Quero dizer, de certa maneira, teria sido fácil simplesmente ir embora quando as coisas ficaram difíceis, especialmente quando comecei a compreender que não havia um futuro em vendas para mim. Mas ter ficado e melhorado meus resultados em vendas me ajudou a adquirir a confiança necessária para mudar meu foco e fazer a transição para nosso departamento de Comunicação.

— Então, o que vem agora?

— Não estou bem certo. Mas não sinto que esteja pronto para ficar sem uma mentora. Podemos renovar por mais um ano?

— Esta era uma das coisas sobre as quais eu pretendia falar com você: se você queria ou não renovar nossa parceria.

— Eu quero! — exclamou Josh.

— Então, eu diria que este é um bom momento para uma celebração.

Como se tivesse sido planejado, o garçom apareceu com duas taças cheias quase até a borda com uma bebida dourada borbulhante.

Josh arregalou os olhos.

— Uau, Diane, normalmente não tomo bebidas alcoólicas no meio do dia.

— Não se preocupe — disse Diane enquanto erguia sua taça. — É uma cidra espumante de pera de um famoso produtor francês. Não contém álcool, mas, na minha opinião, tem a mesma aparência festiva do champanhe.

Josh tocou sua taça na de Diane e tomou um golinho.

— E é ainda mais deliciosa!

Ideias de um minuto

Pare, reflita e aprenda

- A avaliação é uma parte essencial do processo de mentoring. Você não saberá se atingiu suas metas se não olhar para trás para ver o quanto conseguiu avançar.

- Lembre-se de celebrar! O mentoring exige esforço. Não se esqueça de brindar a tudo o que você realizou.

- Alguns relacionamentos de mentoring continuam por anos, enquanto outros têm um período determinado. Converse com seu *mentee* ou mentor a respeito do que é adequado para o relacionamento de vocês.

COMECE A AGIR

Avaliação e renovação

Programe um intervalo regular para avaliar o progresso e renovar sua parceria de mentoring.

O mentoring nunca acaba

Dois anos depois, Diane estava trabalhando em sua sala na Big Brothers Big Sisters quando recebeu o telefonema de um velho amigo.

— Warren! — exclamou Diane, reconhecendo imediatamente a voz dele. — Que bom você ter me ligado. Eu estava justamente pensando a respeito de como estou gostando da minha função de presidente de divisão desta organização. E devo tudo a você.

— Mesmo? Como assim?

— Se você não tivesse insistido para que eu fosse mentora, eu provavelmente ainda estaria viajando sem parar pela Quest Media ou aposentada e entediada até a morte. Mas, graças ao fato de você ter insistido para que eu fosse mentora de outra pessoa, fui capaz de encontrar o caminho certo para essa fase da minha própria jornada. Exatamente como você disse que aconteceria.

— Estou contente por ouvir isso. Por falar em seu relacionamento de mentoring, como está Josh?

— Maravilhosamente bem. Assim que passou a trabalhar no departamento de Comunicação de sua empresa, ele realmente começou a brilhar. Logo foi promovido para a função de gerência. Atualmente, está tão envolvido com seus projetos que me diz que não consegue discernir bem o que é trabalho e o que é diversão.

— Que ótima notícia. E quanto a você, Diane? Você gostaria de conversar sobre alguma coisa em especial?

— Para dizer a verdade, tenho uma pergunta. Meu relacionamento de mentoring com Josh já dura mais de três anos. Não nos encontramos com a mesma frequência do início, é claro, mas acho que ele ainda me considera sua mentora. O que devemos fazer agora?

— Excelente pergunta — declarou Warren. — E eu gostaria de poder lhe dar uma resposta definitiva. Mas receio que essa resposta esteja dentro de vocês dois.

> **Um mentor em determinada fase da vida pode não ser a pessoa de que precisamos em outro momento.**

— Por favor, me explique melhor — pediu Diane.

— Para algumas pessoas, o relacionamento de mentoring nunca acaba. Afinal de contas, você e eu já temos um há... Não estou bem certo... Talvez 35 anos?

Diane riu e afirmou:

— Entendo aonde você quer chegar.

— No caso de outras pessoas, a parceria de mentoring ocorre dentro de uma janela temporal específica. Uma vez que a missão esteja concluída, o mentor e o *mentee* seguem seus caminhos.

— Isso faz sentido. As pessoas mudam e crescem. Consigo ver como um perfeito mentor em determinada fase da vida pode não ser a pessoa de que precisamos em outro momento.

— Exatamente — afirmou Warren. — Mas uma coisa é certa. Todo mundo precisa de um mentor. E todo mundo precisa ser orientado.

*

Josh estava sentado à sua mesa e olhava para a tela do computador com uma expressão ávida. Ele conseguia se lembrar da época em que tinha medo do trabalho diante dele. Agora, enquanto examinava os e-mails na caixa de entrada, sentia-se entusiasmado em relação aos projetos que eles representavam. Enquanto decidia qual deles deveria abrir primeiro, o assunto de um dos e-mails chamou a sua atenção:

Relacionamento de mentoring?

Pelo endereço de e-mail de quem o enviara, ele pôde ver que era alguém da empresa, mas não reconheceu o nome. Curioso, abriu o e-mail. Eis o que estava escrito:

Caro Josh:

Você não me conhece, mas acho que conhece meu amigo, Eric Aguilar, que já dividiu uma sala com você. Ele me contou sobre a sua transição do setor de vendas para o seu cargo atual de gerente no departamento de Comunicação. E mencionou que você trabalhou com uma mentora que o ajudou a descobrir sua vocação.

Trabalho no departamento financeiro e gosto do que faço, mas, para ser sincero, não vejo uma trajetória profissional clara para mim aqui.

Não quero parecer pretensioso e achar que você está em busca de um *mentee*. No entanto, é óbvio que teve êxito ao tentar encontrar a carreira certa para você. Eric diz que você é uma excelente pessoa e que o admira muito. Minha esperança é que você possa, pelo menos, me indicar o rumo certo enquanto tento descobrir como seguir em frente.

Agradeço por sua consideração. Se você tiver algum interesse no que expus, por favor responda a este e-mail ou sinta-se à vontade para ligar para o ramal abaixo.

Chris Singer
Ramal 2827

Josh refletiu por alguns instantes e decidiu ligar para Chris.

— Acabo de receber seu pedido de mentoring — disse ele depois de se apresentar. — E estou interessado em conhecê-lo pessoalmente. Um amigo de Eric não pode ser tão ruim assim.

Chris riu e perguntou:

— Isso é um sim?

— Afirmar isso é um pouco prematuro — respondeu Josh. — Temos que passar por uma ou duas etapas antes de termos certeza de que queremos trabalhar juntos. Mas a resposta é sim, eu gostaria de explorar a situação.

— Muito obrigado! Isso é realmente muito legal da sua parte. Só não sei como retribuir o favor.

— Não preciso que você retribua nenhum favor, mas tenho um pedido a fazer.

— Que pedido?

— Se viermos a desenvolver um relacionamento de mentoring e ele for útil para você, meu pedido é que, um dia, você venha a ser o mentor de outra pessoa e...

TORNE-SE UM MENTOR

Parte II

O modelo de mentoring

Esperamos que você tenha aprendido algumas lições valiosas em nossa história a respeito do mentoring. Nesta seção, vamos recapitular as medidas de ação que destacamos depois de algumas seções deste livro.

> **M**issão
> **C**ompromisso
> **N**etworking
> **C**onfiança
> **O**portunidade
> **A**valiação e renovação

Vamos detalhar cada uma dessas medidas para entender melhor como e por que elas funcionam.

Missão

COMECE A AGIR:
É essencial criar uma visão e um propósito para sua futura parceria de mentoring.

Frase-chave:
🔊 O primeiro passo para qualquer relacionamento dar certo é ter uma declaração de missão clara.

Aspectos a serem lembrados:

- É importante encontrar um mentor ou *mentee* que compartilhe seus valores.

- Aborde um provável mentor ou *mentee* com cortesia e respeito. Independentemente do resultado, agradeça o tempo que a pessoa dedicou a você.

- Elabore uma breve declaração de missão para definir sua intenção e orientar o relacionamento mentor/*mentee*.

- O mentoring adiciona valor a ambos os lados — os *mentees* também têm ideias e conhecimento a oferecer aos mentores.

Compromisso

COMECE A AGIR:
Estabeleçam maneiras de se relacionar que funcionem para suas personalidades e agendas.

Frase-chave:
🔊 Comprometam-se, ao menos, a ter encontros regulares, mesmo que sejam virtuais.

Aspectos a serem lembrados:

- Determine o tipo de compromisso que funciona melhor para suas personalidades. Seu mentor ou *mentee* é extrovertido ou introvertido? Sente-se melhor com um horário marcado com muita antecedência ou prefere e-mails e telefonemas de improviso?

- As parcerias requerem tanto a flexibilidade de se envolver na comunicação digital quanto a capacidade de ter encontros pessoais sempre que possível.

NETWORKING

COMECE A AGIR:
Expanda sua rede de contatos com a de seu mentor ou *mentee*. Mas lembre-se: lide cuidadosamente com os contatos de networking de seu parceiro de mentoring.

Frase-chave:
🔊 Cultivar relacionamentos produtivos é um dos grandes segredos do sucesso.

Aspectos a serem lembrados:

- O networking é uma via de mão dupla: seu mentor ou *mentee* pode expandir suas conexões.

- É fundamental tratar com cuidado a rede de contatos de seu parceiro de mentoring.

- O networking não envolve apenas conexões individuais com os contatos de seu parceiro de mentoring. As conexões em grupos mais amplos — como os de mídia social — também podem ser valiosas.

Confiança

COMECE A AGIR:
Construa e mantenha a confiança com seu parceiro de mentoring sempre dizendo a verdade, permanecendo conectado e mostrando-se digno de sua confiança.

Frase-chave:
🔊 Construir a confiança leva tempo — e ela pode ser destruída em um instante.

Aspectos a serem lembrados:

- À medida que o relacionamento de mentoring vai se aprofundando, a confiança também deve se aprofundar.

- Lide imediatamente com as falhas de comunicação, para impedir que elas desgastem a confiança.

- A sinceridade e a comunicação clara com seu parceiro de mentoring podem aprofundar a confiança e levar seu relacionamento a um novo patamar.

Oportunidade

COMECE A AGIR:
Crie oportunidades de crescimento para seu *mentee* ou mentor.

Frase-chave:
🔊 Na condição de parceiro de mentoring, você terá acesso a oportunidades pessoais e de negócios que simplesmente não estão disponíveis àqueles que não são mentores ou *mentees*.

Aspectos a serem lembrados:

- Uma parceria de mentoring é uma via de mão dupla — ambos os parceiros têm oportunidades para apresentar.

- O mentoring entre gerações — também conhecido como mentoring intergeracional — é uma maneira muito eficaz de criar oportunidades por meio da troca de conhecimentos novos e conhecimentos consagrados pelo tempo.

- A mídia digital torna as possíveis redes de contato maiores do que nunca, possibilitando mais oportunidades para mentores e *mentees*.

Avaliação e renovação

COMECE A AGIR:
Programe períodos regulares para avaliar o progresso e renovar sua parceria de mentoring.

Frase-chave:
🔊 Você nunca chegará aonde deseja se não criar uma declaração de missão — e nunca saberá se chegou se não fizer avaliações regulares.

Aspectos a serem lembrados:

- Programar avaliações regulares — uma vez ao ano, por exemplo — mantém mentor e *mentee* no rumo certo.

- Garanta que as avaliações vão ocorrer inserindo-as em sua agenda quando elaborar a declaração de missão.

- Se a avaliação revelar que a missão não foi concluída com êxito, discutam novas estratégias para alcançar a meta.

Crie um modelo de mentoring em sua organização

Muitas empresas descobriram que os programas formais de mentoring podem ajudar os colaboradores a serem mais bem-sucedidos dentro da organização. Esses programas internos também trazem muitos benefícios para a companhia: funcionários mais bem-treinados, maior engajamento, menor *turnover* e desenvolvimento da liderança, para citar apenas alguns. Como resultado, programas corporativos de mentoring estão surgindo por toda parte.

Se você está interessado em ajudar sua empresa a criar um programa de mentoring, eis alguns aspectos a observar:

1. **Comece pelo departamento de Recursos Humanos.** Se você trabalha em uma empresa grande o bastante para ter um departamento de RH, é nele que você deve começar a discutir o assunto. A ideia já foi avaliada antes? A equipe de RH se mostra receptiva

a liderar a iniciativa? Que apoio você pode oferecer durante o desenvolvimento do programa? Se você conseguir fazer com que o pessoal do departamento de RH se entusiasme com a ideia, poderá contar com a experiência deles para organizar o programa. Isso, em geral, implica encontrar funcionários que estejam interessados em uma parceria de mentoring e depois formar as duplas.

2. **Ensine o modelo de mentoring aos mentores e** *mentees*. Muitas vezes, os mentores em potencial têm medo do mentoring por acharem que não sabem o bastante, quando, na realidade, não é bem assim. A experiência de vida é um dos melhores indicadores de um mentor bem-sucedido, e quase todos descobrem que a têm em grande quantidade. Neste livro, abordamos os elementos fundamentais do mentoring, que estão resumidos no modelo de mentoring. Esses elementos compreendem:

- Elaborar uma declaração de **missão** mutuamente acordada.

- Consolidar o relacionamento por meio do **compromisso**.

- Tirar proveito, de maneira apropriada, das conexões de **networking** do mentor.

- Desenvolver a **confiança**.

- Criar e ir atrás de **oportunidades** um para o outro.
- **Avaliar e renovar** regularmente o relacionamento de mentoring.

Ensine os colaboradores a traçar essas seis etapas, e eles estarão no caminho para ter relacionamentos de mentoring dinâmicos e eficazes.

3. **Estabeleça diretrizes essenciais.** O mentoring só pode atingir seu potencial máximo se um sistema regular de verificações e ponderações estiver em vigor. Diane e Josh desenvolveram seu próprio processo, mas, no ambiente empresarial, é uma boa ideia que todas as parcerias de mentoring sigam as mesmas diretrizes gerais. Estabeleça parâmetros em torno de pontos como:

    - A frequência de reuniões entre mentor e *mentee*.
    - Cronograma da parceria de mentoring como um todo.
    - As datas das avaliações entre mentor e *mentee*.

Focar na criação de um programa formal de mentoring é um dos investimentos mais inteligentes que uma organização pode fazer. Além de educar e revitalizar as pessoas dentro da organização, o mentoring também preserva e expande o conhecimento corporativo crítico.

Com cerca de 10 mil pessoas se aposentando todos os dias, um programa formal de mentoring também pode ser uma boa estratégia para transferir o conhecimento e as habilidades dos funcionários mais velhos aos membros mais jovens da empresa.

As diferenças entre coaching e mentoring

As pessoas costumam ficar confusas em relação à diferença entre coaching e mentoring, principalmente porque uma das funções de um bom mentor é orientar o *mentee*.

Assim como o mentoring, o coaching é um processo individual. No entanto, o relacionamento entre uma pessoa e um coach tem objetivos e metas muito específicos, concentrados em desenvolver o potencial, melhorar os relacionamentos e aprimorar o desempenho.

Embora os mentores empreguem suas habilidades de coaching para ajudar o *mentee*, o mentoring envolve tarefas adicionais, que podem incluir:

- **Ser um modelo de vida** — exibir atividades e comportamentos específicos à sua função.

- **Consultoria** — compartilhar informações a respeito do setor, da companhia ou da unidade de negócio que o mentor acredita ser relevante para o *mentee*.

- **Intermediar** — fazer apresentações para pessoas poderosas, influentes e, de outras maneiras, úteis no setor ou na organização.

- **Apoiar** — as atribuições de trabalho ou o desenvolvimento profissional do *mentee*, para ajudar o crescimento e o desenvolvimento dele.

Qualquer bom mentor usará um processo e habilidades de coaching para ajudar o *mentee* a:

- Ter clareza a respeito da visão global de suas metas profissionais.

- Identificar e desenvolver qualidades de liderança.

- Desenvolver estruturas sólidas e responsabilidade para alcançar as importantes metas de desenvolvimento de longo prazo (em contraste com as metas urgentes de desempenho).

- Compreender seu próprio valor e suas necessidades.

- Potencializar suas melhores qualidades e talentos.

As habilidades de coaching são os conhecimentos refinados de comunicação combinados com a intensa vocação de servir. Está comprovado que o treinamento formal ou informal de mentores no processo de coaching e na utilização de habilidades de coaching:

- Reduz o *turnover*
- Incrementa a inovação
- Melhora o espírito de equipe e a lealdade
- Aumenta a produtividade

Desde 2000, a Blanchard Coaching Services tem se mostrado firme a respeito de tornar o coaching de negócios fácil e financeiramente viável a pessoas que o desejam e precisam dele. Para mais informações, ligue para 800.993.1600 (nos Estados Unidos) e para +1 760.739-6967 (em outros países), ou visite www.coaching.com.

Agradecimentos dos autores

Como dissemos na Introdução, as pessoas bem-sucedidas não alcançam, sozinhas, suas metas. Ao longo de nossa vida, tivemos alguns excelentes mentores.

Ken gostaria de agradecer a alguns de seus principais mentores e elogiá-los:

Norman Vincent Peale, por ensinar a ele o que era a verdadeira fé; Paul Hersey, por incentivá-lo a escrever; Warren Ramshaw e Don McCarty, por guiarem-no em seus estudos de pós-graduação; Ted e Dorothy Blanchard, por ensinarem-no a amar e servir aos outros; Sandy Blanchard, por obrigá-lo a sempre dar o melhor de si; Scott e Debbie Blanchard, por ensinarem-no a ser um líder e como ajudar as pessoas a vencer; Paul Ryan, por impeli-lo a dar o melhor de si por intermédio do basquete; Tony Robbins, por fazê-lo enxergar o poder da mente e dos pensamentos que colocamos nela; Pat Lencioni, Tommy Spaulding e Jon Gordon, por se mostrarem abertos à experiência e à sabedoria de Ken e, ao mesmo tempo, ensinarem a ele o que haviam aprendido.

Claire gostaria de elogiar e agradecer a:

Laura Selznick e Carolyn Springer, que a conduziram ao longo dos primeiros anos em que buscava seu lugar em um mundo de oportunidades; Pamela Hartigan, Sammy Ikua, Sally Osberg, Jeff Skoll e John Wood, que atuaram como guias no caminho do empreendedorismo social; Biz Stone e a equipe do Twitter, por abrirem as portas para o Vale do Silício e mostrarem a ela um mundo novo na época; Bob Goff, Nancy Duarte, Adam Grant, Pam Slim e Greg McKeown, por oferecerem exemplos de profissionais empreendedores dotados de objetivos nos quais ela pôde se apoiar; Anne Lamott, Martha Lawrence e Don Miller, pelas ideias sobre a atividade literária, perto e longe; Ken Blanchard, por ensinar a ela o que significa servir aos outros com o seu próprio sucesso; Barbara e Lance Williams, por muitas coisas, mas principalmente pelos burritos.

Gostaríamos também de agradecer aos nossos editores, Henry Ferris, Martha Lawrence e Renee Broadwell; aos nossos agentes, Richard Andrews e Esther Fedorkevich; a Alais L. M. Griffin, consultor jurídico geral na Big Brothers Big Sisters of America; a Margery Allen, assistente-executiva e braço direito de Ken, e aquela que expõe a verdade para ele nos momentos mais difíceis; e a todos os leitores perspicazes do Skaneateles Country Club.

Finalmente, gostaríamos de agradecer aos nossos cônjuges, Margie Blanchard e Jose Diaz-Ortiz, respectivamente, por sempre estarem ao nosso lado quando precisamos.

Sobre os autores

Ken Blanchard é um dos especialistas em liderança mais influentes do mundo, é coautor do icônico best-seller *O Gerente-Minuto* e de outros sessenta livros, cujas vendas, combinadas, totalizam mais de 21 milhões de exemplares. Suas obras pioneiras foram traduzidas em mais de 27 idiomas e, em 2005, ele foi incluído como membro da Galeria da Fama da Amazon como um dos 25 autores que mais venderam best-sellers de todos os tempos.

Dr. Ken Blanchard também é cofundador e diretor espiritual da Ken Blanchard Companies®, empresa internacional de consultoria e treinamento gerencial que ele e sua esposa, Margie Blanchard, fundaram em 1979 em San Diego, na Califórnia. Além de ser um famoso palestrante e consultor, Ken também é cofundador da Lead Like Jesus, uma organização internacional empenhada em ajudar as pessoas a se tornarem líderes servidores. Ele atua ocasionalmente como palestrante visitante em sua universidade de origem, a Universidade Cornell, de cujo Conselho de Administração é membro emérito.

Além de aparecer em importantes programas de televisão e na imprensa escrita como *Today Show, BusinessWeek, The Wall Street Journal* e muitos outros, Ken recebeu numerosos prêmios e homenagens por sua contribuição nas áreas de gestão, liderança e oratória. A National Speakers Association lhe concedeu sua maior homenagem, o Council of Peers Award of Excellence. Ele foi incluído como membro do HRD Hall of Fame pela revista *Training* e Lakewood Conferences e recebeu o Golden Gavel Award da Toastmasters International. Ken também recebeu o Thought Leadership Award por seu contínuo apoio ao aprendizado e ao desempenho relacionados com o trabalho da ISA — The Association of Learning Providers.

Quando não está escrevendo ou dando palestras, Ken dá aulas no Master of Science in Executive Leadership Program, na Universidade de San Diego.

Nascido em Nova Jersey e criado em Nova York, Ken tem mestrado pela Universidade Colgate e bacharelado e PhD pela Cornell.

O autor pode ser encontrado em www.kenblanchardbooks.com ou por meio de @kenblanchard, no Twitter.

Claire Diaz-Ortiz é autora, palestrante e inovadora de tecnologia, tendo sido considerada uma das cem pessoas mais criativas nos negócios pela *Fast Company*. Claire foi uma das primeiras funcionárias do Twitter, onde passou cinco anos e meio.

Nesse período, ela recebeu várias alcunhas, como "A mulher que pôs o papa no Twitter" (*Wired*) "Chefe de recrutamento do pontífice do Twitter" (*The Washington Post*), "Agente do bem" (*Forbes*) e "Uma das pessoas mais generosas da mídia social" (*Fast Company*).

Claire é autora de sete livros, entre eles *Twitter for Good: Change the World One Tweet at a Time, Design Your Day: Be More Productive, Set Better Goals, and Live Life on Purpose* e *Hope Runs: An American Tourist, a Kenyan Boy, a Journey of Redemption*.

Ela é uma frequente palestrante internacional em mídia social, negócios e inovação, e foi convidada para proferir discursos de abertura e ministrar treinamentos ao redor do mundo. Escreve um blog de negócios popular, **ClaireDiaz-Ortiz.com,** e atua como influenciadora do popular LinkedIn, uma das pessoas que fazem parte de um grupo seleto de várias centenas de leitores internacionais escolhidos para fornecer conteúdo original na plataforma do LinkedIn.

Claire tem MBA pela Universidade Oxford, onde foi Skoll Foundation Scholar for Social Entrepreneurship, e tem um BA (Bachelor of Arts) e um MA (Master of Arts) da Universidade Stanford.

Ela é cofundadora da Hope Runs, organização sem fins lucrativos que atua em orfanatos de Aids no Quênia.

A autora tem aparecido amplamente em importantes programas de televisão e na imprensa escrita, como CNN, BBC, *Time, Newsweek, The New York Times, Good Morning America*, no programa *Today, The Washington Post, Fortune, Forbes, Fast Company*, entre muitos outros.

Leia mais sobre ela em www.ClaireDiazOrtiz.com ou em @claire no Twitter.

Serviços disponíveis

A Ken Blanchard Companies® está empenhada em ajudar líderes e empresas a elevarem seu nível de desempenho. Os conceitos e as convicções apresentados neste livro são apenas algumas das maneiras pelas quais Ken, sua empresa e a Blanchard International — uma rede mundial de consultores, instrutores e coaches de nível internacional — têm ajudado organizações a melhorar a produtividade no local de trabalho, a satisfação dos funcionários e a lealdade do cliente ao redor do mundo.

Se você quiser obter informações adicionais a respeito de como aplicar esses conceitos e abordagens em sua organização, ou se você precisar de informações sobre outros serviços, programas e produtos oferecidos pela Blanchard International, entre em contato conosco em:

The Ken Blanchard Companies®
The Leadership Diference®
Sede mundial
Endereço: 125 State Place
Escondido, Califórnia
92029
Estados Unidos

Telefone: +1-760-489-5005
Contato: www.kenblanchard.com/inquire
Website: www.kenblanchard.com
E-mail: international@kenblanchard.com

Blanchard Global Partner para o Brasil:
Intercultural
Prof. Peter Barth
0800 0262422; info@kenblanchard.com.br
www.kenblanchard.com.br
E-mail: info@interculturalted.com.br
Telefone: (24) 2222-2422

Junte-se a nós on-line

Visite o website de Ken
Saiba mais a respeito de Ken, leia seu blog e navegue por sua biblioteca em **www.kenblanchardbooks.com**

Visite Blanchard no YouTube
Veja líderes de ideias inovadoras da **The Ken Blanchard Companies** em ação. Acompanhe e assine o canal da Blanchard para receber atualizações quando novos vídeos forem postados.

Junte-se a Ken no Facebook
Faça parte de nosso círculo interno e conecte-se a Ken Blanchard no Facebook. Conheça outros fãs de Ken e de seus livros. Tenha acesso a vídeos e fotos, e receba convites para eventos especiais.

Participe de conversas com Ken Blanchard
O blog de Blanchard, HowWeLead.org, foi criado para inspirar uma mudança positiva. É um site de serviço público dedicado a temas de liderança que conecta todos nós. O site é apartidário e secular e não pede nem

aceita doações. É uma rede social em que você conhecerá pessoas que se preocupam profundamente com uma liderança responsável. Também é um lugar no qual você pode expressar sua opinião.

Novidades de Ken no Twitter
Receba mensagens oportunas e pensamentos de Ken. Descubra os eventos aos quais ele está comparecendo e o que ele tem em mente em **@kenblanchard**.

Novidades de Claire no Twitter
Acompanhe Claire e descubra os mais diferentes tipos de ideias inovadoras **@claire**.

Visite o website de Claire
Saiba mais a respeito de Claire e leia seu blog em **www.clairediazortiz.com**.

best.
business

Este livro foi composto na tipografia Palatino LT Std,
em corpo 11/16, e impresso em papel off-set 75g/m² no Sistema
Cameron da Divisão Gráfica da Distribuidora Record.